Teoria do Poder Constituinte

FELLIPE ALVES DIVINO LIMA MESQUITA ABRAHÃO

Teoria do Poder Constituinte

L732	Abrahão, Fellipe
	Teoria do Poder Constituinte / Fellipe Abrahão. –
	Niterói, 2009.
	121 f.
	Livro (Direito)
	1. Poder Constituinte. 2. Poder Constituído. 3. Controle de Constitucionalidade, II. Título.
	ISBN: 9781798239650

PREFÁCIO

O presente trabalho é fruto do estudo realizado em 2009, ao final da graduação em Direito, na Universidade Federal Fluminense, com a finalidade de investigar a teoria clássica do Poder Constituinte formulada por Emmanuel Joseph Sieyès, fazendo-se um contraponto com a doutrina constitucional moderna. O movimento de ruptura em meados do século XVIII, vivenciado na América do Norte e na Europa, que legitimou o surgimento da denominada constituição moderna, depósito das garantias individuais e limites ao poder político, é tema que merece ser sempre revisitado por aquele que se preocupa com a legitimidade do poder num Estado Democrático de Direito.

SUMÁRIO

I. INTRODUÇÃO 09
I.1. CONSTITUCIONALISMO E CONSTITUIÇÃO 09

II. DO PODER CONSTITUINTE 17
II.1. NOÇÃO BÁSICA 17
II.2. TEORIA CLÁSSICA DO PODER CONSTITUINTE 21
II.3. NATUREZA DO PODER CONSTITUINTE 25
II.4. A TITULARIDADE DO PODER CONSTITUINTE 28
II.5. O EXERCÍCIO DO PODER CONSTITUINTE 33
II.6. LIMITES AO PODER CONSTITUINTE 42
II.6.1. Da Ilimitação Jurídica do Poder Constituinte.. 42
II.6.2. Dos Limites Metajurídicos do Poder Constituinte 44

III. DO PODER CONSTITUÍDO REFORMADOR 51
III.1. CLASSIFICAÇÃO DA CONSTITUIÇÃO QUANTO À FORMA E À ALTERABILIDADE............. 54

III.2. CARACTERES DO PODER CONSTITUÍDO REFORMADOR 56
III.2.1. Nota Prévia 56
III.2.2. Natureza do Poder Constituído Reformador 57
III.2.3. Um Poder Derivado 58
III.2.4. Um Poder Subordinado 58
III.2.5. Um Poder Condicionado 59
III.3. REFORMA, EMENDA E REVISÃO CONSTITUCIONAL 59
III.3.1 Reforma, Emenda e Revisão na Dogmática Constitucional Brasileira 61
III.4. O EXERCÍCIO DO PODER CONSTITUÍDO REFORMADOR 68
III.5. O PROCEDIMENTO DE REFORMA NA CRFB/88 69
III.5.1. Iniciativa 71

III.5.2. Deliberação 72
III.5.3. Promulgação 73

III.6. LIMITES DO PODER CONSTITUÍDO REFORMADOR 73
III.6.1. Limites Temporais 75
III.6.2. Limites Circunstanciais 77
III.6.3. Limites Materiais 78
III.6.3.1. Limites Materiais Expressos 79
III.6.3.2. Limites Materiais Implícitos e Tácitos 82

IV. DA FISCALIZAÇÃO DA CONSTITUCIONALIDADE DAS EMENDAS CONSTITUCIONAIS PELO SUPREMO TRIBUNAL FEDERAL 85
IV.1. CONTROLE JURISDICIONAL PREVENTIVO ... 91
IV.2. CONTROLE JURISDICIONAL SUCESSIVO 96

V. CONCLUSÃO 115

VI. REFERÊNCIAS BIBLIOGRÁFICAS 121

I. INTRODUÇÃO

I.1. CONSTITUCIONALISMO E CONSTITUIÇÃO

O movimento constitucional responsável pelo surgimento da constituição, nos termos em que concebemos hoje[1], possui raízes "em horizontes temporais diacrónicos e

---

[1] A respeito, vale conferir lição do mestre Canotilho: "Trata-se, porém, de um conceito ideal que não corresponde sequer – como a seguir se demonstrará – a nenhum dos modelos históricos de constitucionalismo. Assim, um Englishman sentir-se-á arrepiado ao falar de 'ordenação sistemática e racional da comunidade através de um documento escrito'. Para ele a constituição – The English Constitution – será a sedimentação histórica dos direitos adquiridos pelos 'ingleses' e o alicerçamento, também histórico, de um governo balanceado e moderado (the balanced constitution). A um Founding Father (e a um qualquer americano) não repugnaria a ideia de uma carta escrita garantidora de direitos e reguladora de um governo com 'freios' e 'contrapesos' feita por um poder constituinte, mas já não se identificará com qualquer sugestão de uma cultura projectante traduzida na programação racional e sistemática da comunidade. Aos olhos de um citoyen revolucionário ou de um 'vintista exaltado' português a constituição teria de transportar necessariamente um momento de ruptura e um momento construtivista. Momento de ruptura com a 'ordem histórico-natural das coisas' que outra coisa não era senão os privilèges do ancien regime. Momento construtivista porque a constituição, feita por um novo poder – o poder constituinte –, teria de definir os esquemas ou projectos de ordenação de uma ordem racionalmente construída". CANOTILHO, José Joaquim Gomes. *Direito Constitucional e Teoria da Constituição.* 7 ed. 5 reimp. Coimbra: Livraria Almedina, 2009. 1522p. p.52-53.

em espaços históricos geográficos e culturais diferenciados", segundo o ilustre professor José Joaquim Gomes Canotilho. Na verdade, a história presenciou diversos movimentos constitucionais com traços eminentemente nacionais – inglês, americano, francês –, mas com alguns momentos de aproximação entre si, fornecendo uma complexa trama histórico-cultural que permite compreender/forjar o constitucionalismo moderno.

E constitucionalismo, completa o mestre lusitano, "é a teoria (ou ideologia) que ergue o princípio do governo limitado indispensável à garantia dos direitos em dimensão estruturante da organização político-social de uma comunidade"[2], ou ainda, corrobora Uadi Lammêgo Bulos, "é a técnica jurídica da tutela das liberdades, surgidas nos fins do século XVIII, que possibilitou aos cidadãos exercerem, com base em constituições escritas, os seus direitos e garantias fundamentais, sem que o Estado lhes pudesse oprimir pelo uso da força e do arbítrio"[3].

Com efeito, o movimento de ruptura, em meados do século XVIII, vivenciado na América do Norte e na Europa, legitimou o surgimento da denominada constituição moderna. Trata-se da ordenação jurídica sistemática e racional da

---
[2] ibidem. p.51.
[3] BULOS, Uadi Lammêgo. *Curso de Direito Constitucional*. 3 ed. rev. e atual. de acordo com a Emenda Constitucional n 56/2007. São Paulo: Editora Saraiva, 2009. 1391p. p.10.

comunidade política, plasmada em documento escrito, que incorporou um conjunto de direitos fundamentais e o respectivo modo de garantia, imprimindo limites ao poder político[4].

Assim, hoje, qualquer que seja o conceito e a justificação de estado e de constituição, só há lugar para a concepção de estado constitucional, mais ainda, de estado constitucional democrático de direito.

> O **Estado constitucional** é "mais" do que o Estado de direito. O elemento democrático não foi apenas introduzido para "travar" o poder (*to check the powerl*); foi também reclamado pela necessidade de legitimação do mesmo poder (*to legitimize State Power*). Se quisermos um Estado constitucional assente em fundamentos metafísicos, temos que distinguir duas coisas: (1) uma é a da legitimidade do direito; (2) outra é a da *legitimidade* de *uma ordem de domínio* e da

---

[4] Cumpre salientar, por oportuno, que constituição é um conceito plural que nem sequer chegou a uma opinião dominante. Sobre os conceitos de constituição, cf.: MENDES, Gilmar Ferreira; COELHO, Inocêncio Mártires; BRANCO, Paulo Gustavo Gonet. *Curso de Direito Constitucional*. 3 ed. rev. atual. São Paulo: Editora Saraiva, 2008. 1434p. p. 4-14; BULOS, Uadi Lammêgo. *Curso de Direito Constitucional*. 3 ed. rev. e atual. de acordo com a Emenda Constitucional n 56/2007. São Paulo: Editora Saraiva, 2009. 1391p. p.30-40; MIRANDA, Jorge. *Manual de Direito Constitucional*. Tomo II. 4 ed. rev. e atual. Coimbra: Coimbra Editora, 2000. 326p. p.52-71.; sobre modelos para compreensão, cf. CANOTILHO, José Joaquim Gomes. *Direito Constitucional e Teoria da Constituição*. 7 ed. 5 reimp. Coimbra: Livraria Almedina, 2009. 1522p. p.54-60; concepções reunidas em sistema, cf. BONAVIDES, Paulo. *Curso de Direito Constitucional*. 23 ed. São Paulo: Malheiros Editores, 2008. 827p. p.93-140.

> *legitimação do exercício do poder político*. O Estado "impolítico" do Estado de direito não dá resposta a este último problema: donde vem o poder. Só o princípio da *soberania popular* segundo o qual "todo o poder vem do povo" assegura e garante o direito à igual participação na formação democrática da vontade popular. Assim, o princípio da soberania popular concretizado segundo procedimentos juridicamente regulados serve de "charneira" entre o "Estado de direito" e o "Estado democrático" possibilitando a compreensão da moderna fórmula *Estado de direito democrático*. Alguns autores avançam mesmo a ideia de democracia como valor (e não apenas como processo), irreversivelmente estruturante de uma ordem constitucional democrática[5] (Grifos do original).

No entanto, o estado constitucional democrático de direito estaria frágil e incompleto "se não assegurasse um mínimo de garantias e sanções: garantias da observância, estabilidade e preservação das normas constitucionais; sanções contra atos dos órgãos de soberania e dos outros poderes públicos não conformes com a constituição"[6].

A defesa do estado constitucional conduz à análise de três instrumentos intimamente relacionados: o princípio da supremacia constitucional, a rigidez constitucional e o controle de constitucionalidade.

---

[5] CANOTILHO, José Joaquim Gomes. *Direito Constitucional e Teoria da Constituição*. 7 ed. 5 reimp. Coimbra: Livraria Almedina, 2009. 1522p. p.100.
[6] ibidem. p.887.

"A *supremacia da Constituição* revela sua posição hierárquica mais elevada dentro do sistema, que se estrutura de forma escalonada, em diferentes níveis. É ela o fundamento de validade de todas as demais normas"[7], conforme lição do professor Luis Roberto Barroso. Com efeito, nenhuma lei ou outro ato normativo poderá subsistir validamente em contradição com a constituição.

Nessa linha de pensamento, a supremacia da constituição deve ser entendida como uma superlegalidade formal e material. Formal porque se identifica a Constituição como fonte de toda e qualquer produção normativa, dentro do ordenamento jurídico, inclusive determinando os procedimentos que devem ser seguidos no processo legislativo. E material, porque subordina o conteúdo de todas as espécies normativas à observância dos princípios e regras constitucionais.

A rigidez constitucional, por sua vez, exprime a clara distinção existente entre normas constitucionais e infraconstitucionais. Sob a perspectiva formal, pode-se assegurar que a constituição, para figurar como parâmetro, como paradigma de validade dos demais atos normativos, necessita de um processo mais agravado e complexo do que

---

[7] BARROSO, Luis Roberto. *O Controle de Constitucionalidade no Direito Brasileiro. Exposição Sistemática da Doutrina e Análise Crítica da Jurisprudência*. 4 ed. rev. atual. São Paulo: Editora Saraiva, 2009. 388p. p.1.

aqueles exigidos para a elaboração das espécies normativas ordinárias. Aliás, não fosse essa distinção formal, a contrariedade da lei posteriormente editada conduziria à derrogação constitucional e, não, à inconstitucionalidade da espécie normativa. Sob o prisma substancial, a rigidez constitucional representa certa estabilidade à própria constituição, evitando ou mesmo impedindo alterações que comprometam a decisão política fundamental.

O controle de constitucionalidade, por seu turno, é um importante instrumento que garante a prevalência da constituição perante as demais espécies normativas. A rigor, constitui etapa imprescindível de toda decisão judicial, oportunidade em que o intérprete da norma fixa uma das premissas lógicas da decisão, ou seja, resolve pela aplicação ou rejeição da norma incidente na hipótese, em razão de ela estar ou não conforme a constituição. Além disso, diz respeito a uma forma de exercício da jurisdição constitucional em favor da harmonia da ordem jurídica, negando eficácia à norma jurídica de qualquer espécie que, em tese, esteja em desacordo com disposição constitucional.

   Nesse sentido, a jurisprudência do E. Supremo Tribunal Federal:

> Sabemos que a supremacia da ordem constitucional traduz princípio essencial que deriva, em nosso sistema de direito positivo,

do caráter eminentemente rígido de que se revestem as normas inscritas no estatuto fundamental. Nesse contexto, em que a autoridade normativa da Constituição assume decisivo poder de ordenação e de conformação da atividade estatal – que nela passa a ter o fundamento de sua própria existência, validade e eficácia –, nenhum ato de Governo (Legislativo, Executivo e Judiciário) poderá contrariar-lhe os princípios ou transgredir-lhe os preceitos, sob pena de o comportamento dos órgãos do Estado incidir em absoluta desvalia jurídica[8].

Como permite antever seu título, o presente trabalho tem como objetivo primordial revisitar a dogmática que trata da manifestação da sociedade no processo de positivação da vontade de seus componentes através do poder encarregado de elaborar e reformular sua norma fundamental.

Deste modo, será analisado o conceito de poder constituinte, assim entendido como aquele encarregado de elaborar a constituição, dando-se destaque à sua natureza, titularidade, exercício e limites.

Posto isto, abordar-se-á a figura do poder constituído reformador. Oportunidade em que a diferença entre poder constituinte e poder constituído será realçada, procedendo-

---

[8] STF. ADI/MC nº. 2.215/PE. Relator Min. Celso de Mello. Julgamento em 17/04/2001 *apud* BULOS, Uadi Lammêgo. *Curso de Direito Constitucional*. 3 ed. rev. e atual. de acordo com a Emenda Constitucional n 56/2007. São Paulo: Editora Saraiva, 2009. 1391p. p.54-55.

se, ainda, à descrição do mecanismo de reforma constitucional nos termos da Constituição em vigor e encerrando o ponto com os limites impostos à atividade de reforma do texto constitucional.

II. DO PODER CONSTITUINTE

O poder constituinte, tendo em vista sua atividade precípua de elaborar uma constituição para determinada sociedade, é frequentemente adjetivado de originário, inaugural, inicial, fundacional, genuíno, primário e de primeiro grau. Em contraponto, a atividade constituinte exercida na vigência de uma ordem constitucional geralmente é denominada poder constituinte derivado, reformador, instituído, secundário, de segundo grau e, ainda, decorrente.

II.1. NOÇÃO BÁSICA

O poder constituinte é aquele que estabelece os fundamentos da organização de uma sociedade – edita uma Constituição, ou seja, o poder capaz de romper com a ordem jurídica em vigor numa determinada sociedade e inaugurar um novo Estado[9].

---

[9] TEMER, Michel. *Elementos de Direito Constitucional*. 18 ed. São Paulo: Malheiros Editores, 2002. 224p. p. 33.
O professor Michel Temer afirma que "O Estado brasileiro de 1988 não é o de 1969, nem o de 1946, de 1937, de 1934, de 1891, ou

Didáticas e precisas, neste ponto, são as palavras do professor lusitano J.J. Gomes Canotilho:

> E, perante a multiplicidade de conceitos e definições, veremos que, no fundo, o **poder constituinte** se revela sempre como uma questão de "poder", de "força" ou de "autoridade" política que está em condições de, numa determinada situação concreta, criar, garantir ou eliminar uma Constituição entendida como lei fundamental da comunidade política (Grifo no original)[10].

Desse modo, pode-se dizer que o poder constituinte é o poder legislativo supremo de uma sociedade. O poder que, na verdade, institui todos os demais poderes e não é instituído por nenhum outro, aquele que constitui todos os poderes que vai viger o Estado – *suprema potestas nationis et rationis*[11].

---

de 1824. Historicamente é o mesmo. Geograficamente pode ser o mesmo. Não o é, porém, juridicamente. A cada manifestação constituinte, editora de atos constitucionais como Constituição, Atos Institucionais e até Decretos (veja-se o Dec. 1, de 15.11.1889, que proclamou a República e instituiu a Federação como forma de Estado), nasce o Estado. Não importa a rotulação conferida ao ato constituinte. Importa a sua natureza. Se dele decorre a certeza de rompimento com a ordem jurídica anterior, de edição normativa em desconformidade intencional com o texto em vigor, de modo a invalidar a normatividade vigente, tem-se novo Estado".
Mesma noção é, aqui, utilizada na abordagem inicial caracterizadora do poder constituinte.
[10] CANOTILHO, José Joaquim Gomes. *Direito Constitucional e Teoria da Constituição*. 7 ed. 5 reimp. Coimbra: Livraria Almedina, 2009. 1522p. p. 65.
[11] Definição forjada por Egon Zweig, citada por Paulo Bonavides in BONAVIDES, Paulo. *Curso de Direito Constitucional*. 23 ed. São Paulo: Malheiros Editores, 2008. 827p. p. 141.

Na verdade, o poder constituinte confere estrutura jurídico-política à comunidade, criando os órgãos que exercerão poder dentro do Estado e repartindo entre eles o exercício da soberania.

Todavia, nos adverte veementemente o professor Paulo Bonavides, não se pode confundir o poder constituinte com a sua teoria. O ilustre constitucionalista assevera que "[p]oder constituinte sempre houve, porque jamais deixou de haver o ato de uma sociedade estabelecendo os fundamentos de sua própria organização. O que nem sempre houve, porém, foi uma teoria desse poder, cuja aparição configura um traço de todo original"[12].

E, na obra de Manoel Gonçalves Ferreira Filho, obtemos valiosas informações acerca dos antecedentes históricos à doutrina do poder constituinte[13].

Assegura o ilustre constitucionalista que já na antiguidade (Helênica) era possível vislumbrar uma diferenciação entre leis de organização do Estado e leis comuns. Em Atenas, Aristóteles distinguia as leis concernentes à organização do governo e as demais leis, havendo surgido um verdadeiro antecedente da ADI: a *graphe paranomon*, ação que visava impugnar leis que

---

[12] ibidem. p.142.
[13] FERREIRA FILHO, Manoel Gonçalves. *O Poder Constituinte*. 5 ed. São Paulo: Editora Saraiva, 2007. 254p. Parte I. Cap. I. p. 3-9.

contradissessem aquelas normas tidas por fundamentais. Não havia, apesar disso, consciência de um poder constituinte.

Na França, prossegue, surgiu a doutrina das leis fundamentais do Reino que, com nítido objetivo político, servia de base teórica para se infirmar a validade de certos atos do monarca, em especial os praticados em prejuízo da nação. Eram tidas imutáveis por muitos (vedada sua modificação pelo monarca), enquanto para outros era possível sua modificação através de procedimento especial (ouvidos o clero, a nobreza e o povo). Inexistia, da mesma forma, noção de um poder constituinte.

Já na doutrina pactista medieval, destaca, a base do governo era o acordo dos governados, o *pactum subjectionis* – pacto de sujeição. A formação da sociedade era fruto da inclinação natural do homem.

A doutrina do contrato social, enfatiza, concebia o contrato como fonte da sociedade: a) Em Hobbes, serviu para justificar a monarquia absoluta. A partir da célebre frase "O homem é o lobo do homem", concluiu que para obter a paz, os homens tiveram que abrir mão de todos os direitos naturais em favor do monarca, cuja função era manter a paz. b) Em Locke, serviu para justificar a organização decorrente da Revolução de 1688 e do *Bill of Rights*. c) Em Rousseau, fundamentava a democracia, através da qual cada homem coloca todos os seus direitos ao dispor da vontade geral.

Surgiu, pois, a necessidade de se refazer o pacto social, ideia intimamente ligada à ideia de Constituição: "a Constituição escrita seria o instrumento pelo qual se renovaria o pacto social e se estabeleceria, de forma legítima, o governo respeitoso da liberdade, respeitoso dos direitos, o governo em que a vontade geral tivesse a última palavra"[14].

Então, conclui o douto professor, para justificar a criação dessa constituição escrita é que surge a doutrina do poder constituinte, formulada por Sieyès.

II.2. TEORIA CLÁSSICA DO PODER CONSTITUINTE

A lição do abade Emmanuel Joseph Sieyès (1748-1836) é identificada, quase unanimemente pelos constitucionalistas, como a primeira fonte da teoria do poder constituinte, por isso mesmo suas ideias constituem o que se denomina de teoria clássica do poder constituinte.

Tendo participação muito importante na eclosão da Revolução Francesa, Sieyès foi o autor do panfleto manifesto mais citado: *Qu'est-ce que Le tiers État?*

---

[14] ibidem. p. 09.

Que é o terceiro Estado?[15], editado em fevereiro de 1789, é um livro de estrutura interessante. Seu plano de trabalho desenvolve-se em três perguntas, devidamente respondidas e bravamente justificadas pelo seu autor: "O que é o Terceiro estado? – Tudo"; "O que tem sido ele, até agora, na ordem política? – Nada"; "O que é que ele pede? – Ser alguma coisa".

A teoria do poder constituinte forjada pelo abade Sieyès acompanhou e justificou a aparição histórica e revolucionária de uma forma de poder baseada nos conceitos de soberania nacional e soberania popular. Trata-se do poder novo, oposto ao poder decadente e absoluto das monarquias de direito divino, que invoca a razão humana ao mesmo tempo em que substitui Deus pela nação como titular da soberania – democracia liberal e representativa.

Cumpre salientar que para Sieyès povo e nação não se confundiam. Enquanto a noção de povo alcançava o conjunto de pessoas reunidas num determinado território, a nação era mais do que o conjunto, era a encarnação dos interesses dos indivíduos como um todo, dotada de generalidade e permanência[16].

---

[15] SIEYÈS, Emmanuel Joseph. *A Constituinte Burguesa. Qu'est-ce que Le Tiers État?* 3 ed. Rio de Janeiro: Líber Júris, 1986. 155p.
[16] Cf. BULOS, Uadi Lammêgo. *Curso de Direito Constitucional*. 3 ed. rev. e atual. de acordo com a Emenda Constitucional n 56/2007. São Paulo: Editora Saraiva, 2009. 1391p. p. 17.

Assim, num convincente discurso, o abade de Chartress toma emprestado de Rousseau o conceito de soberania popular e o identifica com o poder constituinte da nação. E, diferentemente de Rousseau, enquadra o poder constituinte no sistema representativo, fazendo repousar sobre a Assembleia Nacional (o próprio terceiro estado[17]) o poder de dar uma Constituição à nação.

A esse respeito, preciosas são as palavras de José Adércio Leite Sampaio:

> Essa teoria constituinte, denominada hoje de clássica, tinha a necessidade imperiosa de se contrapor à teoria do direito divino dos reis, o que lhe imprimiu uma feição radical e absoluta como revelam suas notas características de um poder originário, por dar origem à Constituição; extraordinário, por se operar apenas para esse fim; soberano, por ser expressão da vontade soberana do povo; ilimitado e incondicionado, por não estar vinculado a formas ou procedimentos jurídicos, estando sempre "em estado de natureza"; unitário e indivisível, por reunir todos os outros poderes; e democrático, por apresentar como titular o povo (teoria da soberania popular) ou a nação (teoria da soberania

---

[17] SIEYÈS, Emmanuel Joseph. *A Constituinte Burguesa. Qu'est-ce que Le Tiers État?* 3 ed. Rio de Janeiro: Líber Júris, 1986. 155p. p.137: "Tudo isso já é suficiente para demonstrar o direito que tem o Terceiro estado de formar sozinho uma Assembleia Nacional, e para autorizar, por força da razão e da equidade, a sua pretensão legítima de deliberar e de votar por toda a nação, sem exceção".

nacional)[18] (Nossos, os grifos, destacando as principais notas do poder constituinte forjada pela doutrina de Sieyès).

Como se pode observar, a teoria do poder constituinte é, na verdade, uma teoria de legitimação do poder[19].

Nesse sentido, leciona Paulo Bonavides[20]:

> [A] distinção fundamental entre poder constituinte e poderes constituídos consentiu o advento das Constituições rígidas, bem como, desde aí, o dogma de uma soberania que se exercitava mediante instrumentos constitucionais de limitação do poder.
> A teoria do poder constituinte teve para a concepção revolucionária a mesma força que a doutrina da soberania para a implantação das realezas absolutas.

Esta teoria clássica, formulada pelo publicista francês, atribuiu ao poder constituinte caracteres que até hoje formam a base de seu estudo pela doutrina constitucionalista.

---

[18] SAMPAIO, José Adércio Leite. *A Constituição Reinventada pela Jurisdição Constitucional*. Belo Horizonte: Editora Del Rey, 2002. 1015p. p. 344-345.
[19] BONAVIDES, Paulo. *Curso de Direito Constitucional*. 23 ed. São Paulo: Malheiros Editores, 2008. 827p. p. 141.
[20] ibidem. p.142.

II.3. NATUREZA DO PODER CONSTITUINTE

A constituição, obra prima do poder constituinte, é o fundamento de validade de todo o ordenamento jurídico da sociedade. A rigor, a constituição estabelece o ponto de partida de toda a ordem jurídica da comunidade. É a partir dela que são editadas as normas que vão reger as relações da sociedade, ao mesmo passo em que a partir dela são verificadas as normas anteriormente editadas que vão continuar vigendo.

O poder constituinte, por sua vez, manifesta-se na etapa imediatamente anterior à edição da constituição. Sua atividade é exercida com o fim último de romper com a ordem jurídica em vigor numa determinada sociedade e inaugurar um novo Estado[21].

Dessa forma, impõe-se admitir que o poder constituinte

---

[21] No mesmo sentido, Jorge Miranda, diferenciando poder constituinte material e poder constituinte formal, reconhece uma gradação lógica e histórica da atividade constituinte. Cf.:
"O poder constituinte material precede o poder constituinte formal. Precede-o logicamente, porque a ideia de Direito precede a regra de Direito, o valor comanda a norma, a opção política fundamental a forma que elege para agir sobre os fatos, a legitimidade a legalidade. E precede-o historicamente, porque (sem considerar, mesmo, a Constituição institucional de antes do constitucionalismo), há sempre dois tempos no processo constituinte, o do triunfo de certa ideia de Direito ou do nascimento de certo regime e o da formalização dessa ideia ou desse regime; e o que se diz da construção de um regime político, vale também para a transformação de um Estado". MIRANDA, Jorge. *Manual de Direito Constitucional*. Tomo II. 4 ed. rev. e atual. Coimbra: Coimbra Editora, 2000. 326p. p.75-76.

possua natureza metajurídica ou extrajurídica[22], porquanto é preexistente à ordem jurídica. Sim, se o poder constituinte se submetesse a qualquer norma jurídica, poderíamos dizer que sua natureza é jurídica. Contudo, tendo em vista que ele próprio inaugura uma nova ordem jurídica, não poderia estar a ela submetido, por absoluta impossibilidade.

No mesmo sentido, Walber de Moura Agra assegura que "[t]omando como ponto de partida uma concepção juspositivista do Direito, o Poder Constituinte será um fato social, um poder de fato"[23].

E o professor Uadi Lammêgo Bulos apresenta interessante lição do argentino Jorge Reinaldo Vanossi que ressalta a natureza metajurídica do poder constituinte:

> O poder constituinte originário, aquele que atua na *etapa fundacional*, é uma potência, uma energia, enquanto que o poder constituinte, que atua na *etapa da reforma ou revisão*, é uma *competência*, é mais uma manifestação de aplicação da própria legalidade prevista por aquele poder constituinte inicial. Esta distinção entre *potência* e *competência* contribui a precisar a natureza. Essa energia inicial, a *potência*, não tem limites jurídicos, embora possa ter limites metajurídicos, bem seja, derivados

---

[22] BULOS, Uadi Lammêgo. *Curso de Direito Constitucional*. 3 ed. rev. e atual. de acordo com a Emenda Constitucional n 56/2007. São Paulo: Editora Saraiva, 2009. 1391p. p. 287.
[23] AGRA, Walber de Moura. *Fraudes à Constituição: um Atentado ao Poder Reformador*. Porto Alegre: Sergio Antônio Fabris Editor, 2000. 237p. p. 84.

das crenças, das ideologias, com respeito aos valores, ou por acatamento a certa realidade social subjacente.

Vale dizer: catalogar o poder constituinte fora da ordem jurídica significa assumir posicionamento típico do juspositivismo e afastar qualquer teorização acerca do direito natural. Evita, pois, o eterno embate entre juspositivismo e jusnaturalismo acerca da natureza do próprio direito[24]. Significa, mesmo, admitir o caráter político do poder constituinte e vislumbrar a relação simbiótica do político e do jurídico como fenômenos sociais que reciprocamente se conformam e alteram.

---

[24] A natureza do poder constituinte ainda é objeto de controvérsia e sua definição está intimamente relacionada ao dissenso da concepção forjada pela corrente jusnaturalista e pela juspositivista acerca do que é o próprio Direito.
A doutrina do jusnaturalismo entende que o direito não se resume no direito positivo, posto pelo Estado. Assim, os adeptos da corrente jusnaturalista entendem que o poder constituinte é um poder de direito, uma vez que assentado no direito natural, que lhe é anterior e superior. Perfilhando deste posicionamento temos a obra de Emmanuel Joseph Sieyès e, entre nós, do ilustre professor Manoel Gonçalves Ferreira Filho. O poder constituinte, neste sentido, é um poder jurídico que decorre do direito natural, anterior ao próprio Estado que funda.
Os juspositivistas, por outro lado, concebem o poder constituinte como um poder de fato, eis que se impõe como tal, estabelece a si próprio e, não, a partir de direito pré-existente. E isto porque o pensamento juspositivista somente concebe o Direito enquanto norma positivada, motivo pelo qual se mostra racional e clara a posição aqui adotada. Ora, não sendo instituído pelo Direito posto, o poder constituinte acaba sendo entendido como poder de fato e, não, de direito, ou jurídico.

Segundo o professor Paulo Bonavides, "O poder constituinte, tomado assim, por esse aspecto – o *político* – só tem uma função capital: a de fazer que a Nação ou o Povo, os governados enfim, sejam sujeitos da soberania"[25].

O poder constituinte, portanto, "é a força política consciente de si que resolve disciplinar os fundamentos do modo de convivência na comunidade política"[26].

Cumpre salientar, por oportuno, que o foco de nosso estudo não é a análise da natureza do poder constituinte em si mesma, o estudo da gênese e de sua essência, mas das consequências jurídicas que dela se pode extrair. Assim é que a concepção metajurídica de sua natureza será valiosa quando se passar ao estudo dos limites do poder constituinte, além de se ligar, intimamente, ao tema da titularidade e legitimidade.

II.4. A TITULARIDADE DO PODER CONSTITUINTE

Para tratar da temática proposta para este subtítulo, vale a pena transcrever as indagações do ilustre professor Manoel Gonçalves Ferreira filho:

---

[25] BONAVIDES, Paulo. *Curso de Direito Constitucional*. 23 ed. São Paulo: Malheiros Editores, 2008. 827p. p. 149.
[26] MENDES, Gilmar Ferreira; COELHO, Inocêncio Mártires; BRANCO, Paulo Gustavo Gonet. *Curso de Direito Constitucional*. 3 ed. rev. atual. São Paulo: Editora Saraiva, 2008. 1434p. p.197.

> Admitamos – raciocinam todos – que exista um poder que estabelece a Constituição, e não é assimilado pela Constituição, nem fica subordinado a essa Constituição. Mas, se existe esse poder, a quem ele pertence? Qual é o titular desse poder? Quem é que pode estabelecer a Constituição? Quem é que pode estabelecer a organização política fundamental de um Estado?[27]

A resposta crua, senão amarga, é extraída de Paul Bastid: "a quem tiver o poder de agarrá-lo"[28]. Ou, segundo Sanches Viamonte, "o titular do poder constituinte é produto das circunstâncias históricas e aparece sempre condicionado por elas"[29].

Com efeito, nenhuma doutrina logrou conceber abstratamente o poder constituinte, forjando uma teoria que alcançasse determinar, aprioristicamente, o titular do poder constituinte para toda e qualquer sociedade. Na verdade, historicamente, o titular desse poder sempre foi o indivíduo ou o grupo social sobre o qual repousava a ideia de Direito, num determinado momento[30].

---

[27] FERREIRA FILHO, Manoel Gonçalves. *O Poder Constituinte*. 5 ed. São Paulo: Editora Saraiva, 2007. 254p. p. 22.
[28] BONAVIDES, Paulo. *Curso de Direito Constitucional*. 23 ed. São Paulo: Malheiros Editores, 2008. 827p. p. 147.
[29] ibidem. p.158.
[30] cf. LOPES, Maurício Antônio Ribeiro. *Poder Constituinte Reformador. Limites e Possibilidades da Revisão Constitucional Brasileira*. São Paulo: Editora Revista dos Tribunais, 1993. 287p. p. 82.

Dessa forma, a titularidade do poder constituinte foi atribuída ora a Deus, ora à Nação, ora a um príncipe ou monarca, ora ao Povo, ora ao Parlamento ou, ainda, a uma classe revolucionária.

Conforme lição do mestre Paulo Bonavides:

> A concepção política da Idade Média e da Reforma girava, segundo Schmitt, preponderantemente ao redor do poder constituinte de Deus, conforme o princípio *omnis potestas a Deo*. Com as monarquias absolutas a titularidade veio a recair no monarca, que a justificava mediante a invocação de um suposto direito. Durante a Revolução Francesa o mesmo poder coube nominalmente à Nação ou ao Povo, mas de modo efetivo, no seu exercício, a uma Classe – a burguesia – ou seja, aquela parte do Povo que toma "consciência política autônoma" e entra a decidir acerca da forma de existência estatal, exercendo, por consequência, o poder constituinte.
> Durante a Restauração (1815-1830), o poder constituinte volveu na França às mãos de um príncipe de linhagem hereditária e assim prossegue a manifestar-se depois noutros países em distintos corpos ou entidades, numa casuística de titularidade que tem levado alguns a concordar com Sanches Viamonte (...)[31].

Na atualidade, por outro lado, a indagação sobre o titular do poder constituinte só admite uma resposta democrática, qual seja, o povo.

---

[31] BONAVIDES, Paulo. *Curso de Direito Constitucional*. 23 ed. São Paulo: Malheiros Editores, 2008. 827p. p.158.

Nesse sentido, ensina Canotilho:

> Só o **povo** entendido como um sujeito constituído por pessoas – homens e mulheres – pode "decidir" ou deliberar sobre a conformação da sua ordem político-social. Poder constituinte significa, assim, *poder constituinte do povo*. Como já atrás foi referido, o **povo**, nas democracias atuais, concebe-se como uma "grandeza pluralística" (P. Häberle), ou seja, como uma pluralidade de forças, personalidades, decisivamente influenciadoras da formação das "opiniões", "vontades", "correntes" ou "sensibilidades" políticas nos momentos preconstituintes e nos procedimentos constituintes. (...)
> Em conclusão: só o *povo real* – concebido como *comunidade aberta de sujeitos constituintes* que entre si "contratualizam", "pactuam" e consentem o modo de governo da cidade –, tem o poder de disposição e conformação da ordem político-social[32].

Como se pode observar, a titularidade do poder constituinte está intimamente relacionada à cosmovisão dominante numa determinada sociedade num determinado tempo. Significa dizer que a titularidade do poder constituinte está profundamente marcada pela concepção do justo que uma determinada comunidade faz com relação à política, o que remete a questão da titularidade à da legitimidade do poder constituinte.

---

[32] CANOTILHO, José Joaquim Gomes. *Direito Constitucional e Teoria da Constituição*. 7 ed. 5 reimp. Coimbra: Livraria Almedina, 2009. 1522p. p. 75/76.

Como já se disse, a titularidade do poder constituinte repousou sobre os mais diversos entes sociais, levando alguns constitucionalistas a afirmar que a titularidade do poder constituinte em cada sociedade dependia da força e das circunstâncias históricas.

Sob o ponto de vista sociológico, contudo, pode-se identificar essa diversidade menos como fatalidades históricas e mais como diferentes concepções do justo reinante numa determinada sociedade, em cada momento histórico.

Uma ideia de direito apoiada no *consensus* explica, por exemplo, porque uma determinada comunidade concebe que o poder pertença a todos e outra, por outro lado, admita que pertença a um determinado homem, ou ainda, a um determinado grupo social.

Assim, diz o professor Manoel Gonçalves Ferreira Filho, é "legítima a tomada do poder para a realização da ideia de direito que tem por si o *consensus*; ou seja, a legitimidade se mede em relação ao *consensus*, não em relação ao direito positivo"[33], em relação ao qual se mede a legalidade.

Essa legitimidade, frise-se, pode ser anterior ao ato constituinte ou posterior a este.

---

[33] FERREIRA FILHO, Manoel Gonçalves. *O Poder Constituinte*. 5 ed. São Paulo: Editora Saraiva, 2007. 254p. p.48.

No caso de a legitimidade preceder ao ato constituinte, classifica-se o poder constituinte de legítimo. Nessa hipótese, a legitimidade se revela pela aceitação expressa ou tácita das normas pelos governados, demonstra rápida implementação da condição de validade constitucional[34].

Ao revés, se quando o exercício do poder constituinte não representa o *consensus* da comunidade, é necessária a conquista direta ou indireta da aceitação pelos governados, sem o qual não se atinge a eficácia da norma fundamental.

Pode-se concluir, então, que a titularidade do poder constituinte repousa sobre aquele ente reconhecido pela comunidade como legítimo portador da ideia de direito: hoje, somente o povo, repita-se.

À evidência, a titularidade e a legitimidade do poder constituinte estão intimamente relacionadas à natureza metajurídica do poder constituinte, noção eminentemente sociológica ligada à política.

II.5. O EXERCÍCIO DO PODER CONSTITUINTE

Não obstante a titularidade do poder constituinte seja, na atualidade, atribuída ao povo, não é dificultoso perceber que o seu exercício não ocorre de forma direta. Aliás, é

---

[34] ibidem. p.45.

induvidosa a impossibilidade de o povo exercer o poder constituinte de forma direta, conforme outrora propalou Rousseau.

A respeito, assegura Tércio Sampaio Ferraz Júnior:

> Diz-se que Rousseau, como bom suíço, quando pensava na chamada democracia direta, pensava na sua Genebra, em um núcleo comunitário pequeno, onde os cidadãos iam à praça e votavam diretamente conforme os seus interesses. É evidente que a própria experiência do século XIX mostrou a inviabilidade da democracia direta. Os Estados modernos entraram pelo caminho da representação, com todos os problemas que isso gerou[35].

No subtítulo II.2., destacou-se que Sieyès enquadrou a soberania nacional no sistema representativo. Hoje, da mesma forma, a doutrina da soberania popular também só pode ser vista ligada ao sistema representativo.

E a forma mais usual do exercício democrático do poder constituinte pelo povo é a eleição de um órgão especial para elaborar a Constituição.

No Brasil, o primeiro exemplo ocorreu quando da elaboração da Constituição da República de 24 de fevereiro de 1891, onde o Congresso Constituinte pronunciou: "Nós, os representantes do povo brasileiro, reunidos em Congresso

---

[35] cf. FERRAZ JÚNIOR, Tércio Sampaio. *Constituinte. Assembleia, Processo, Poder.* 2 ed. São Paulo: Ed. Revista dos Tribunais, 1986. p. 21.

Constituinte, para organizar um regime livre e democrático, estabelecemos, decretamos e promulgamos a seguinte Constituição da República dos Estados Unidos do Brasil".

Mesma fórmula foi seguida na Constituição da República de 1934. Veja-se:

> Nós, os representantes do povo brasileiro, pondo a nossa confiança em Deus, reunidos em Assembleia Nacional Constituinte para organizar um regime democrático, que assegure à Nação a unidade, a liberdade, a justiça e o bem-estar social e econômico, decretamos e promulgamos a seguinte Constituição da República dos Estados Unidos Do Brasil.

Igualmente, a Assembleia Constituinte que promulgou a Constituição de 1946 anunciou: "Nós, os representantes do povo brasileiro, reunidos, sob a proteção de Deus, em Assembleia Constituinte para organizar um regime democrático, decretamos e promulgamos a seguinte Constituição dos Estados Unidos do Brasil".

Da mesma forma, o preâmbulo da Constituição Cidadã, de 05 de outubro de 1988, assim proclamou:

> Nós, representantes do povo brasileiro, reunidos em Assembleia Nacional Constituinte para instituir um Estado Democrático, destinado a assegurar o exercício dos direitos sociais e individuais, a liberdade, a segurança, o bem-estar, o desenvolvimento, a igualdade e a justiça

> como valores supremos de uma sociedade fraterna, pluralista e sem preconceitos, fundada na harmonia social e comprometida, na ordem interna e internacional, com a solução pacífica das controvérsias, promulgamos, sob a proteção de Deus, a seguinte Constituição da República Federativa do Brasil.

Paradoxalmente, a titularidade do poder constituinte em nome do povo foi invocada, inclusive, pelos governos autocráticos que tiveram lugar no Brasil.

A exemplificar esta contradição, temos a Constituição de 1937, na qual o presidente da república toma para si o exercício do poder constituinte, cujo titular é o povo. Getúlio Vargas, extinguindo a vigência da Constituição de 1934, "decreta" a Constituição de 1937. Confira-se:

> O PRESIDENTE DA REPÚBLICA DOS ESTADOS UNIDOS DO BRASIL,
>
> ATENDENDO às legítimas aspirações do povo brasileiro à paz política e social, profundamente perturbada por conhecidos fatores de desordem, resultantes da crescente a gravação dos dissídios partidários, que, uma, notória propaganda demagógica procura desnaturar em luta de classes, e da extremação, de conflitos ideológicos, tendentes, pelo seu desenvolvimento natural, resolver-se em termos de violência, colocando a Nação sob a funesta iminência da guerra civil;

ATENDENDO ao estado de apreensão criado no País pela infiltração comunista, que se torna dia a dia mais extensa e mais profunda, exigindo remédios, de caráter radical e permanente;

ATENDENDO a que, sob as instituições anteriores, não dispunha, o Estado de meios normais de preservação e de defesa da paz, da segurança e do bem-estar do povo;

Sem o apoio das forças armadas e cedendo às inspirações da opinião nacional, umas e outras justificadamente apreensivas diante dos perigos que ameaçam a nossa unidade e da rapidez com que se vem processando a decomposição das nossas instituições civis e políticas;

Resolve assegurar à Nação a sua unidade, o respeito à sua honra e à sua independência, e ao povo brasileiro, sob um regime de paz política e social, as condições necessárias à sua segurança, ao seu bem-estar e à sua prosperidade, decretando a seguinte Constituição, que se cumprirá desde hoje em todo o País:

CONSTITUIÇÃO DOS ESTADOS UNIDOS
DO BRASIL
DA ORGANIZAÇÃO NACIONAL

Art. 1º - O Brasil é uma República. O poder político emana do povo e é exercido em nome dele e no interesse do seu bem-estar, da sua honra, da sua independência e da sua prosperidade.

Outra típica manifestação do poder constituinte ocorreu quando a Junta Militar composta pelos chefes das Forças

Armadas baixou, em 09 de abril de 1964, o Ato Institucional que modificou a Constituição de 1946. Veja-se:

> É indispensável fixar o conceito de movimento civil e militar que acaba de abrir ao Brasil uma nova perspectiva sobre o seu futuro. O que houve e continuará a haver neste momento, não só no espírito e no comportamento das classes armadas, como na opinião pública nacional, é uma autêntica revolução.
> A revolução se distingue de outros movimentos armados pelo fato de que nela se traduz, não o interesse e a vontade de um grupo, mas o interesse e a vontade da Nação.
> <u>A revolução vitoriosa se investe no exercício do poder constituinte</u>. Esse se manifesta pela eleição popular ou pela revolução. Esta é a forma mais expressiva e mais radical do poder constituinte. Assim, a revolução vitoriosa, como poder constituinte, se legitima por si mesma.
> Ela destitui o Governo anterior e tem a capacidade de constituir o novo Governo. Nela se contém a força normativa, inerente ao poder constituinte. Ela edita norma jurídica sem que nisso seja limitada pela nova atividade anterior à sua vitória.
> Os Chefes da revolução vitoriosa, graças à ação das Forças Armadas e ao apoio inequívoco da Nação, <u>representam o povo, em seu nome exercem o poder constituinte, de que o povo é único titular</u>.
> O Ato Institucional que é hoje editado pelos comandantes em chefe do Exército, da Marinha e da Aeronáutica, em nome da revolução que se tornou vitoriosa com apoio da Nação na sua quase

totalidade, se destina a assegurar ao novo Governo a ser instituído os meios indispensáveis à obra de reconstrução econômica, financeira, política e moral do Brasil, de maneira a poder enfrentar, de modo direto e imediato, os graves e urgentes problemas de que depende a restauração da ordem interna e do prestígio internacional da nossa Pátria. A revolução vitoriosa necessita de ser institucionalizada e se apressa pela sua institucionalização a limitar os plenos poderes de que efetivamente dispõe.

O presente Ato institucional só poderia ser editado pela revolução vitoriosa, representada pelos comandos em chefe das três armas que respondem, no momento, pela realização dos objetivos revolucionários, cuja frustração estão decididas a impedir.

Os processos constitucionais não funcionaram para destituir o Governo, que deliberadamente se dispunha a bolchevizar o País.

Destituído pela revolução, só a esta cabe ditar as normas e os processos de constituição do novo Governo e atribuir-lhe os poderes ou os instrumentos jurídicos que lhe assegurem o exercício do poder no exclusivo interesse do País. Para demonstrar que não pretendemos radicalizar o processo revolucionário, decidimos manter a Constituição de 1946, limitando-nos a modificá-la, apenas, na parte relativa aos poderes do Presidente da República, a fim de que este possa cumprir a missão de restaurar no Brasil a ordem econômica e financeira e tomar as urgentes medidas destinadas a drenar o bolsão comunista, cuja purulência já se havia infiltrado não só na cúpula do Governo como nas suas dependências administrativas. Para reduzir ainda mais os plenos poderes de que se acha investida a revolução vitoriosa, resolvemos, igualmente, manter o Congresso Nacional, com as reservas relativas aos seus poderes, constantes do presente Ato Institucional.

Fica, assim, bem claro que a revolução não procura legitimar-se através do Congresso. Este é que recebe neste <u>Ato Institucional, resultante do exercício do poder constituinte</u>, inerente a todas as revoluções, a sua legitimação. Em nome da revolução vitoriosa, e no intuito de consolidar a sua vitória, de maneira a assegurar a realização dos seus objetivos e garantir ao País um Governo capaz de atender aos anseios do povo brasileiro, o comando supremo da revolução, representada pelos comandantes em chefe do Exército, da Marinha e da Aeronáutica, resolve editar o seguinte:

ATO INSTITUCIONAL
Artigo 1º
São mantidas a Constituição de 1946 e as Constituições estaduais e respectivas emendas, com as modificações constantes deste Ato.
(Nossos, os grifos)

Como se vê, o Ato Institucional de 09/04/1964 modificou o fundamento de validade de toda ordem jurídica, que agora encontrava parâmetro na Constituição de 1946, com as alterações por ele introduzidas. Materialmente constitucional, o referido Ato invocou a legitimidade revolucionária e o poder constituinte do povo.

A Constituição de 1967, por sua vez, foi promulgada também durante o regime de exceção. O Ato Institucional nº. 4, de 07 de dezembro de 1966, por sua vez, atribuiu poderes constituintes ao Congresso Nacional para apreciar um projeto de constituição que ele mesmo encaminhava. Também sem nenhuma vocação democrática, invoca a titularidade do poder constituinte do povo. Confira-se:

> O Congresso Nacional, invocando a proteção de Deus, decreta e promulga a seguinte
>
> CONSTITUIÇÃO DO BRASIL
>
> TÍTULO I
> Da Organização Nacional
>
> CAPÍTULO I
> Disposições Preliminares
>
> Art. 1º - O Brasil é uma República Federativa, constituída sob o regime representativo, pela união indissolúvel dos Estados, do Distrito Federal e dos Territórios.
> § 1º - Todo poder emana do povo e em seu nome é exercido.

Aparentemente irônicos, os exemplos históricos brasileiros antes referidos demonstram que a titularidade do poder constituinte em favor do povo possui raízes tão sólidas na doutrina constitucionalista que não poderia deixar de ser apregoada, inclusive, pelos governos autocráticos, ainda que seu exercício não tivesse sido respeitado por estes mesmos governos.

Nesse sentido, Maurício Antônio Ribeiro Lopes assegura:

> Assim é que não há ditadura, golpe ou revolução – recentemente passados, presentes ou futuros – que não proclamam em alto e bom som suas virtudes e apegos aos princípios democráticos, qual houvesse um implícito reconhecimento da preponderância ética dos valores da democracia, em tal nível, que a sustentação do poder não pode prescindir desse alarde[36].

II.6. LIMITES AO PODER CONSTITUINTE

II.6.1. Da Ilimitação Jurídica do Poder Constituinte

O poder constituinte possui natureza metajurídica, porquanto sua atividade precede a promulgação de uma constituição, como outrora se disse no subtítulo II.3.

Em decorrência, é forçoso admitir que seu exercício não encontra limites jurídicos.

---

[36] LOPES, Maurício Antônio Ribeiro. *Poder Constituinte Reformador. Limites e Possibilidades da Revisão Constitucional Brasileira*. São Paulo: Editora Revista dos Tribunais, 1993. 287p. p.76.

Com efeito, sendo a constituição o fundamento de validade de toda ordem jurídica do Estado, sua elaboração não se submete a nenhum parâmetro legal ou normativo.

Na verdade, abstraindo a hipótese inaugural de um Estado, toda constituição conclui um movimento revolucionário que põe fim a uma ordem jurídica em vigor numa sociedade para inaugurar uma nova ordem. Segundo Kelsen, é revolução toda modificação ilegítima da constituição, toda modificação da constituição operada de maneira diferente da nela prevista.

Ou, ainda, conforme lição do mestre lusitano Jorge Miranda:

> A revolução não é o triunfo da violência; é o triunfo de um Direito diferente ou de um diverso fundamento de validade do sistema jurídico positivo do Estado. Não é antijurídica; é apenas anticonstitucional por oposição à anterior Constituição – não em face da Constituição *in fieri* que, com ela, vai irromper[37].

No mesmo compasso, Manoel Gonçalves Ferreira Filho afirma que revolução é a quebra de continuidade da ordem jurídica, uma "modificação anormal da ordem jurídica", uma alteração realizada contra a normalidade por ela própria prevista. *In verbis*:

---

[37] MIRANDA, Jorge. *Manual de Direito Constitucional*. Tomo II. 4 ed. rev. e atual. Coimbra: Coimbra Editora, 2000. 326p. p.83-84.

> Dum ponto de vista jurídico, é indiferente que esta modificação da situação jurídica seja introduzida através de um emprego da força dirigida contra o governo legítimo ou pelos próprios membros do governo, através de um movimento de massas populares ou de um pequeno grupo de indivíduos. Decisivo é o fato de a Constituição vigente ser modificada ou completamente substituída por uma nova Constituição através de processos não previstos pela Constituição até ali vigente[38].

Portanto, a promulgação da nova constituição coroa a vitória de um movimento revolucionário, violento ou não, e decorre de um trabalho constituinte desprovido de qualquer limitação jurídica.

II.6.2. Dos Limites Metajurídicos do Poder Constituinte

A inexistência de limites jurídicos não significa, contudo, que o poder constituinte é absolutamente ilimitado, conforme propunha a doutrina clássica do poder constituinte. Anota o professor Canotilho que "se o poder constituinte se destina a criar uma constituição concebida como organização e limitação do poder, não se vê como esta 'vontade de constituição' pode deixar de condicionar a vontade do

---

[38] FERREIRA FILHO, Manoel Gonçalves. *O Poder Constituinte*. 5 ed. São Paulo: Editora Saraiva, 2007. 254p. p.37/38.

criador"[39]. Na verdade, sob o ângulo sociológico, filosófico, econômico, religioso e político, o poder constituinte encontra determinadas vedações ao seu exercício. Aliás, a própria ideia de direito de que é portador o movimento revolucionário, o *consensus* sob qual está apoiado, pauta sua atividade. A esse respeito, é de se destacar, por oportuno, a síntese de alguns autores portugueses colhida da obra do professor Jorge Miranda:

> Interessante é aqui referir as posições de alguns autores portugueses sobre o problema – coincidentes na admissibilidade de limites ao poder constituinte, se bem que partindo de postulados bem diversos.
> Salienta Rogério Soares: "A teoria clássica do poder constituinte foi concebida para fazer face à teoria do direito divino dos reis e por isso também o apresenta sem limites. Mas hoje – na medida em que se aceita que o Estado não é mera organização do poder, mas a tensão por uma racionalidade substancial que conduz à limitação do poder – acredita-se em que as 'magna latrocinia' de que falava Santo Agostinho não são os Estados, nem a simples regra técnica base da sua eficácia é uma Constituição". Daí "limites transcendentes", que põem em causa "o dogma do absolutismo do poder constituinte".

---

[39] CANOTILHO, José Joaquim Gomes. *Direito Constitucional e Teoria da Constituição*. 7 ed. 5 reimp. Coimbra: Livraria Almedina, 2009. 1522p. p. 81.

Referindo-se aos princípios jurídicos fundamentais que formam "o núcleo essencial da Constituição material", escreve Afonso Queiró: "Uma comunidade política livre, em que o povo seja realmente soberano, não contrariará pela decisão constituinte dos seus representantes essa Constituição material. – Esses representantes trairiam o seu mandato, ou excedê-lo-iam[sic.] se deliberadamente, em algum ponto ou aspecto se desviassem dela ...".

Por seu lado, diz Gomes Canotilho que "o que está em causa é o problema do *momento* da *validade material do direito*, inelutavelmente presente sempre que se trata do problema das fontes do direito. E daí que (nesse aspecto, seguindo Castanheira Neves) também o poder constituinte se não possa desvincular, no momento da criação da Constituição, de certas objetivações históricas que o processo de permanente 'desalienação' do homem vai introduzindo na consciência jurídica geral".

E afirma Marcelo Rebelo de Sousa: "Quer o poder constituinte formal, quer o poder constituinte material são limitados pelas estruturas políticas, sociais, económicas e culturais dominantes da sociedade, bem como pelos valores ideológicos de que são portadores"[40].

E os limites extrajurídicos do poder constituinte podem ser divididos em três espécies: ideológicos, institucionais e substanciais.

---

[40] MIRANDA, Jorge. *Manual de Direito Constitucional*. Tomo II. 4 ed. rev. e atual. Coimbra: Coimbra Editora, 2000. 326p. p.107-108.

A ideia de direito predominante na sociedade em que está inserido o poder constituinte estabelece certa limitação à sua atividade. Manoel Gonçalves Ferreira Filho, baseado na lição de Paul Bastid, denomina de limites de fato esta vinculação do poder constituinte com as concepções mais arraigadas da comunidade, uma vez que se o texto fundamental se chocar com a cosmovisão dessa comunidade, as novas instituições serão ineficazes e permanecerão como letra morta[41]. E o grande exemplo histórico desse fenômeno foi a Constituição Jacobina de 1793, que apesar de ter sido votada em meio à grande entusiasmo revolucionário, jamais foi aplicada.

Limites institucionais, segundo Uadi Lammêgo Bulos, "fornecem ao poder constituinte ideias regulativas de situações sociais, como a família, a propriedade, a educação etc..."[42]. Na verdade, são institutos sociais que não poderiam ser ignorados pelo constituinte, uma vez que denotam os fins supremos e imprescindíveis à segurança e à satisfação da sociedade. Juntamente com os limites ideológicos, conduzem a atividade constituinte num determinado sentido compatível com a noção de justiça da comunidade.

---

[41] FERREIRA FILHO, Manoel Gonçalves. *O Poder Constituinte*. 5 ed. São Paulo: Editora Saraiva, 2007. 254p. p.76.
[42] BULOS, Uadi Lammêgo. *Mutação Constitucional*. São Paulo: Editora Saraiva, 1997. 215p. p. 27.

Os limites substanciais, ou materiais, por sua vez, podem ser distinguidos em três categorias: a) **transcendentes;** b) **imanentes** e c) **heterônomos.**

Os limites transcendentes dizem respeito aos imperativos de direito reconhecidamente superiores, imediatamente conexos com os direitos fundamentais do homem, impedindo a decretação do arbítrio e o cerceamento das liberdades[43]. Por exemplo, a Assembleia Constituinte convocada pela Emenda Constitucional nº. 26, de 27 de novembro de 1985, responsável pela nova redemocratização brasileira, jamais poderia estabelecer uma norma fundamental que deixasse de contemplar a dignidade da vida humana e o respeito à liberdade, que estabelecesse o arbítrio, negasse a liberdade religiosa e pessoal, criasse desigualdade em razão de raça ou estabelecesse pena de morte ou tratamento degradante. Daí, inclusive, a proteção dos direitos e garantias individuais ínsita no art. 60, § 4º, da CRFB/88.

Os limites imanentes, por sua vez, possuem íntima ligação com a identidade do Estado que se funda e decorre da própria noção de direito que conduz o movimento revolucionário constituinte. Impõe-se ao poder constituinte que não institua uma conformação jurídico-política diferente daquela presente na alma revolucionária que representa, que

---

[43] Cfr. MIRANDA, Jorge. *Manual de Direito Constitucional*. Tomo II. 4 ed. rev. e atual. Coimbra: Coimbra Editora, 2000. 326p. p.109.

se despoje de sua soberania e desfigure a forma de Estado eleita. Enfim, trata-se dos limites de um poder constituinte que, consciente de seu papel, não permite desvio de finalidade[44].

Os limites heterônomos, *pari passu*, se referem às vedações ínsitas em normas jurídicas externas ao direito local. São limitações prescritas em atos de Direito Internacional, através dos quais o Estado assumiu responsabilidades e deveres.

Didáticas são as palavras do professor Jorge Miranda[45]:

> *Limites heterónomos de Direito internacional*, com caráter geral, são os princípios de *jus cogens* (como os que constam de alguns artigos da Declaração Universal e do art. 2.º da Carta das Nações Unidas). Estruturante da comunidade internacional, eles não podem deixar de se sobrepor à Constituição de qualquer Estado enquanto membro dessa comunidade.
> *Limites heterónomos de Direito internacional*, com caráter especial, são os que correspondem a limitações do conteúdo da Constituição por virtude de deveres assumidos por um Estado para com outro ou outros Estados ou para com a comunidade internacional no seu conjunto. E é o que se verifica, por exemplo, com as garantias de direito de minorias nacionais e

---
[44] ibidem. p. 109.
[45] ibidem. p. 110-111.

lingüísticas impostas a certos Estados por tratado de paz após a 1.ª e a 2.ª guerra mundiais; como a obrigação de Áustria(pelo tratado de Saint-Germain de 1919) de se abster de qualquer ato que pudesse afetar a sua independência; com a proibição de restauração dos Habsburgos na Hungria, após 1918; com a obrigação da Finlândia de garantia dos direitos da população das ilhas da Alândia, por força do tratado celebrado com a Suécia em 1921; com o estatuto de neutralidade da Áustria desde 1955; com a dupla garantia dos direitos das comunidades grega e turca em Chipre constante dos acordo de Zurique de 1960.

Em suma, as únicas limitações que pautam o poder constituinte se referem à cosmovisão da sociedade no qual está inserido. Apesar de não conhecer limites jurídicos e nem vinculação com as normas em vigor, inexistindo parâmetro normativo de validade para sua apreciação, o poder constituinte encontra vedações de ordem social, política e econômica, as quais não pode ignorar sob pena de sua obra não passar de uma folha de papel (Lassale).

III. DO PODER CONSTITUÍDO REFORMADOR

As constituições foram feitas para durar no tempo. Indubitavelmente, a norma fundamental que organiza a sociedade e todos os poderes do Estado possui vocação para a perenidade, porquanto não se podem admitir frequentes e sucessivas rupturas da ordem constitucional. Com efeito, a falta de estabilidade constitucional induziria ao descrédito e à insegurança quanto à certeza e à solidez jurídica das instituições num determinado ordenamento estatal.

Contudo, a necessidade de estabilidade das normas constitucionais não deve conduzir à tese da imutabilidade do texto fundamental. A rigor, a imutabilidade constitucional colide com a realidade. Adotá-la, adverte o professor Paulo Bonavides, significa impedir a reforma pacífica do sistema político, entregando à violência e ao arbítrio da revolução e do golpe toda a solução das crises[46].

Assim, desde as primeiras constituições escritas de que se tem notícia, tratou o poder constituinte de estabelecer mecanismos de alteração do texto constitucional, permitindo

---

[46] BONAVIDES, Paulo. *Curso de Direito Constitucional*. 23 ed. São Paulo: Malheiros Editores, 2008. 827p. p.196-197.

que sua obra acompanhasse a realidade social subjacente. Em outras palavras, a prudência levou ao estabelecimento de um modo e de um órgão incumbido de rever ou modificar o texto constitucional.

Nas palavras de Maurício Antônio Ribeiro Lopes:

> Esse processo é tão relevante para a estabilidade política e jurídica do Estado que Wheare aponta como um dos elementos fundamentais das Constituições modernas a previsão de um método racional para reformas constitucionais, estabelecido aprioristicamente, para adaptação pacífica da ordem fundamental aos valores mutantes das condições sociais e políticas para evitar o recurso à ilegalidade, à força ou à revolução"[47].

Imprescindível, pois, que a ordem jurídica criada pelo poder constituinte possa ser adaptada às necessidades que surgirem com o passar do tempo para que garanta estabilidade. A rigor, uma constituição terá maior tempo de efetividade e vigência quanto mais a sua concepção de direito estiver de acordo com o pensamento dominante na sociedade e for capaz de se amoldar às exigências que passarem a fazer parte da realidade do Estado.

---

[47] LOPES, Maurício Antônio Ribeiro. *Poder Constituinte Reformador. Limites e Possibilidades da Revisão Constitucional Brasileira*. São Paulo: Editora Revista dos Tribunais, 1993. 287p. p. 130.

Essa mesma acepção é expendida por Walber de Moura Agra:

> A teologia da reforma é acompanhar simetricamente as modificações ocasionadas na sociedade, evitando o fosso normativo entre a normalidade e a normatividade, avultando a credibilidade da Constituição. Como a nossa Lei Maior é analítica, onde temas diversos foram trazidos a âmbito constitucional para garantir-lhes segurança, a reforma significa um procedimento útil na manutenção da sincronia normativa, principalmente no pertinente a temas tão cambiantes na realidade social brasileira[48].

Enfim, o objetivo precípuo da reforma constitucional é oxigenar a concepção de direito presente num determinado ordenamento jurídico sem modificá-la. Ao lado da rigidez constitucional e do controle de constitucionalidade, a reforma constitucional é um importante mecanismo contemporâneo de defesa da norma fundamental. Através da reforma da constituição busca-se atualizar o texto maior sem alterar sua concepção de direito, sua decisão política fundamental.

Cumpre destacar, por oportuno, que a reforma constitucional presume a existência de uma constituição escrita e rígida.

---

[48] AGRA, Walber de Moura. *Fraudes à Constituição: um Atentado ao Poder Reformador*. Porto Alegre: Sergio Antônio Fabris Editor, 2000. 237p. p. 114.

III.1. CLASSIFICAÇÃO DA CONSTITUIÇÃO QUANTO À FORMA E À ALTERABILIDADE

A Constituição, quanto à forma, costuma ser doutrinariamente classificada em escrita e não-escrita[49].

a) Escrita ou instrumental – um conjunto de regras sistematizadas e organizadas em um único documento, estabelecendo as normas fundamentais de um Estado. Como exemplos, podemos citar todas as constituições brasileiras, a Constituição da Espanha e a Constituição portuguesa;

b) Não-escrita, costumeira ou consuetudinária – inexistência de um texto solene e codificado. Textos esparsos, reconhecidos pela sociedade como fundamentais. Norma constitucional baseada nos usos, costumes, jurisprudência, convenções. Exemplo clássico é a Constituição da Inglaterra.

Segundo o grau de alterabilidade, a constituição pode ser classificada em imutável, rígida, semi-rígida e flexível[50].

---

[49] LENZA, Pedro. *Direito Constitucional Esquematizado*. 12 ed. rev. atual. ampl. São Paulo: Editora Saraiva, 2008. 811p. p. 24.
[50] ibidem. p. 26-27.

a) Imutável – constituição inalterável. A modificação da organização jurídica somente é possível com a substituição da norma fundamental;

b) Rígida – a constituição permite a alteração de seu texto, mas impõe um processo legislativo agravado, dificultoso. À exceção da Constituição de 1824 (considerada semi-rígida), todas as Constituições brasileiras foram rígidas;

c) Semi-rígida ou semi-flexível – uma constituição híbrida, contendo matérias que exigem um processo legislativo dificultoso para sua alteração (rígida, portanto) e outras que prescindem de formalidade maior que o processo legislativo ordinário. Como exemplo, podemos citar a Constituição de 1824 que em seu art. 178 dispunha: "É só Constitucional o que diz respeito aos limites, e atribuições respectivas dos Poderes Políticos, e aos Direitos Políticos, e individuais dos Cidadãos. Tudo, o que não é Constitucional, pode ser alterado, sem as formalidades referidas, pelas Legislaturas ordinárias";

d) Flexível ou plástica – constituição que não estabelece um procedimento legislativo dificultoso para sua alteração. Em outras palavras, a reforma constitucional é realizada segundo o processo legislativo ordinário.

III.2. CARACTERES DO PODER CONSTITUÍDO REFORMADOR

III.2.1. Nota Prévia

Como já se disse no capítulo anterior, o poder constituinte que atua na etapa fundacional pode ser entendido como uma força, uma potência, enquanto o poder que atua na etapa de reforma ou revisão consubstancia uma competência, conforme lição de Jorge Reinaldo Vanossi, citada por Uadi Lammêgo Bulos[51].

Por esse motivo, preferiu-se adotar o termo *poder constituído reformador* para designar o que os mais renomados constitucionalistas denominam poder constituinte derivado, reformador, instituído, secundário, de segundo grau e, ainda, decorrente. Com efeito, o termo aqui utilizado deixa claro que se trata de um poder constituído, além de apontar, inequivocamente, sua função essencial.

---

[51] BULOS, Uadi Lammêgo. *Curso de Direito Constitucional*. 3 ed. rev. e atual. de acordo com a Emenda Constitucional n 56/2007. São Paulo: Editora Saraiva, 2009. 1391p. p. 287.

No mesmo sentido, o de evitar a utilização do termo *poder constituinte* para caracterizar a atividade reformadora, é a proposta do ilustre professor Michel Temer:

> "Pode-se até questionar sobre a adequada rotulação: *se poder constituinte* ou *competência reformadora*. (...) Parece-nos mais conveniente reservar a expressão 'Poder Constituinte' para o caso de emanação normativa *direta* da soberania popular. O mais é fixação de *competências*: a *reformadora* (capaz de modificar a Constituição); a *ordinária* (capaz de editar a normatividade infraconstitucional)"[52].

Com efeito, a atividade constituinte exercida na vigência de uma ordem constitucional é verdadeira competência desempenhada pelo órgão e pela forma estabelecidos pela própria Constituição.

III.2.2. Natureza do Poder Constituído Reformador

O poder constituído de reforma constitucional é um poder de direito. Ao contrário do eterno embate entre juspositivistas e jusnaturalistas acerca da natureza do poder

---

[52] TEMER, Michel. *Elementos de Direito Constitucional*. 18 ed. São Paulo: Malheiros Editores, 2002. 224p. p. 34-35.

constituinte – se poder de fato ou poder de direito –, observamos um relativo consenso doutrinário acerca da natureza jurídica do poder constituído reformador. Trata-se de um poder de direito, de competência constitucionalmente regulada. Com efeito, o poder de reforma constitucional integra o mundo jurídico e tem origem na própria norma fundamental, que estabelece todas as condições para o seu exercício.

III.2.3. Um Poder Derivado

Ao contrário do poder constituinte, que é um poder inicial e originário, o poder instituído reformador é um poder derivado. Como outrora dito, o poder constituinte é um poder de fato que por si só é capaz de romper com a ordem jurídica em vigor e inaugurar um novo Estado. O poder de reforma constitucional, por outro lado, é um poder de direito criado pela própria norma fundamental, de onde retira sua legitimidade e sua força. É, portanto, um poder derivado.

III.2.4. Um Poder Subordinado

Sendo um poder de direito, a atividade do poder constituído reformador está subordinada à prescrição ínsita na norma fundamental. Vale dizer, está ele completamente sujeito aos desígnios do poder constituinte, sujeito às regras de fundo estabelecidas na constituição.

III.2.5. Um Poder Condicionado

Além de se sujeitar às regras de fundo estabelecidas na norma fundamental, o poder constituído reformador se submete às regras formais estabelecidas pelo poder constituinte. Frise-se, a atividade do poder reformador está jungida às regras formais e procedimentais de processamento das modificações constitucionais.

III.3. REFORMA, EMENDA E REVISÃO CONSTITUCIONAL

Conforme lição de Walber de Moura Agra, "a reforma é o meio condizente para a adequação jurídica da Lei Maior às modificações produzidas pela sociedade"[53]. Tem ela a função de evitar, ou mesmo resolver, a antinomia entre norma e realidade, contribuindo para a manutenção da força normativa da Constituição. E, com esse intento, constituições rígidas costumam prever os procedimentos para modificação formal de seu texto jurídico.

---

[53] AGRA, Walber de Moura. *Fraudes à Constituição: um Atentado ao Poder Reformador*. Porto Alegre: Sergio Antônio Fabris Editor, 2000. 237p. p.133.

O modelo norte-americano de modificação formal da constituição, *amendments*, consiste na edição de artigos suplementares que, formando uma emenda da constituição, não se inserem no texto constitucional, mas se registram ao lado da constituição[54].

Pari passu, o modelo mais difundido consiste na revisão expressa do texto constitucional. Dessa forma, tanto a supressão quanto a inclusão de normas constitucionais, além da substituição de disposições constitucionais, são inseridas em seu lugar próprio na constituição[55]. Reescrevem, na verdade, o texto constitucional.

A partir destes dois modelos de alteração formal da constituição, podem ser extraídos os termos *emenda* e *revisão*.

No que toca à terminologia utilizada, a doutrina nacional é divergente e bastante imprecisa quanto ao significado de cada expressão no procedimento de alteração formal da constituição. Enquanto professores lusitanos como José Joaquim Gomes Canotilho e Jorge Miranda tudo registram como revisão constitucional, a doutrina brasileira costuma utilizar indistintamente reforma, emenda e revisão,

---

[54] CANOTILHO, José Joaquim Gomes. *Direito Constitucional e Teoria da Constituição*. 7 ed. 5 reimp. Coimbra: Livraria Almedina, 2009. 1522p. p. 1069-1070.
[55] ibidem. p.1069.

seja como sinônimos, seja como termos diferenciados e inconfundíveis[56].

A esse respeito, parece mais acertada a posição de Raul Machado Horta:

> Reforma, emenda e revisão são manifestações do Poder Constituinte instituído, que podem receber tratamento diferenciado, atribuindo a cada uma dessas formas objeto próprio de atividade, bem como tratamento indiferenciado, sem distinguir uma da outra manifestação pela forma ou matéria de sua atividade[57].

III.3.1 Reforma, Emenda e Revisão na Dogmática Constitucional Brasileira

A Constituição do Império de 1824, como outrora já se disse, era semi-rígida e dispunha que a parte constitucional (art. 178) poderia ser objeto de reforma: "Art. 174. Se,

---

[56] Com efeito, segundo Fábio Pallaretti Calcini, Pinto Ferreira chegou sustentar a distinção entre reforma, emenda e revisão em obra de 1956 para, em outra obra datada de 1962, afirmar ser possível utilizar indistintamente os referidos termos. Cf.: CALCINI, Fábio Pallaretti. *Limites ao Poder de Reforma da Constituição: o embate entre gerações*. Campinas, SP: Millennium Editora, 2009. 115p. p. 55.

[57] HORTA, Raul Machado. *Permanência e Mudança na Constituição*. Revista de Direito Administrativo 188, abr/jun. 1992, p.17. apud GAMA, Guilherme Calmon Nogueira da. *Alterações Constitucionais e Limites do Poder de Reforma*. São Paulo: Editora Juarez de Oliveira, 2001. 92 p. p.45.

passados quatro anos, depois de jurada a Constituição do Brasil, se reconhecer que algum de seus artigos merece reforma, se fará a proposição por escrito, a qual deve ter origem na Câmara dos Deputados, e ser apoiada pela terça parte deles".

Da mesma forma, a Constituição da República de 1891 admitia a reforma do texto constitucional e limitava o exercício do poder constituído, de modo inovador, com o estabelecimento das primeiras cláusulas pétreas. Confira-se:

> Art. 90 - A Constituição poderá ser reformada, por iniciativa do Congresso Nacional ou das Assembleias dos Estados.
> § 1º - Considerar-se-á proposta a reforma, quando, sendo apresentada por uma quarta parte, pelo menos, dos membros de qualquer das Câmaras do Congresso Nacional, for aceita em três discussões, por dois terços dos votos em uma e em outra Câmara, ou quando for solicitada por dois terços dos Estados, no decurso de um ano, representado cada Estado pela maioria de votos de sua Assembleia.
> § 2º - Essa proposta dar-se-á por aprovada, se no ano seguinte o for, mediante três discussões, por maioria de dois terços dos votos nas duas Câmaras do Congresso.
> § 3º - A proposta aprovada publicar-se-á com as assinaturas dos Presidentes e Secretários das duas Câmaras, incorporar-se-á à Constituição, como parte integrante dela.

§ 4º - Não poderão ser admitidos como objeto de deliberação, no Congresso, projetos tendentes a abolir a forma republicano-federativa, ou a igualdade da representação dos Estados no Senado.

A Constituição de 1934, por sua vez, foi a primeira a estabelecer duas formas distintas de alteração do texto constitucional, a emenda e a revisão constitucional. Afetou à revisão constitucional toda modificação que alterasse a estrutura política do Estado, a organização ou a competência dos poderes da soberania. A reforma de tais matérias, consideradas mais preciosas, era submetida a procedimento gravoso de deliberação e, se aprovada, deveria ser incorporada ao texto constitucional. Por outro lado, à emenda constitucional remetia a modificação das demais matérias constitucionais que, aprovadas em procedimento menos dificultoso de deliberação, eram anexadas, com número de ordem, ao texto constitucional.

Veja-se:

Art. 178 - A Constituição poderá ser emendada, quando as alterações propostas não modificarem a estrutura política do Estado (arts. 1 a 14, 17 a 21); a organização ou a competência dos poderes da soberania (Capítulos II III e IV, do Título I; o Capítulo V, do Título I; o Título II; o Título III; e os arts. 175, 177, 181, este mesmo art. 178); e revista, no caso contrário.

§ 1º - Na primeira hipótese, a proposta deverá ser formulada de modo preciso, com indicação dos dispositivos a emendar e será de iniciativa:

a) de uma quarta parte, pelo menos, dos membros da Câmara dos Deputados ou do Senado Federal;

b) de mais de metade dos Estadas, nos decurso de dois anos, manifestando-se cada uma das unidades federativas pela maioria da Assembleia respectiva.

Dar-se-á por aprovada a emenda que for aceita, em duas discussões, pela maioria absoluta da Câmara dos Deputados e do Senado Federal, em dois anos consecutivos.

Se a emenda obtiver o voto de dois terços dos membros componentes de um desses órgãos, deverá ser imediatamente submetida ao voto do outro, se estiver reunido, ou, em caso contrário na primeira sessão legislativa, entendendo-se aprovada, se lograr a mesma maioria.

§ 2º - Na segunda hipótese a proposta de revisão será apresentada na Câmara dos Deputados ou no Senado Federal, e apoiada, pelo menos, por dois quintos dos seus membros, ou submetida a qualquer desses órgãos por dois terços das Assembleias Legislativas, em virtude de deliberação da maioria absoluta de cada uma destas. Se ambos por maioria de votos aceitarem a revisão, proceder-se-á pela forma que determinarem, à elaboração do anteprojeto. Este será submetido, na Legislatura seguinte, a três discussões e votações em duas sessões legislativas, numa e noutra casa.

§ 3º - A revisão ou emenda será promulgada pelas Mesas da Câmara dos Deputados e do Senado Federal. A primeira será incorporada e a segunda anexada com o respectivo número de ordem, ao texto constitucional que, nesta conformidade, deverá ser publicado com as assinaturas dos membros das duas Mesas.

§ 4º - Não se procederá à reforma da Constituição na vigência do estado de sítio.

§ 5º - Não serão admitidos como objeto de deliberação, projetos tendentes a abolir a forma republicana federativa.

Como se vê, na Constituição de 1934, emenda e revisão eram espécies de reforma constitucional, tendo objetos, procedimentos e instrumentos de concretização específicos para cada uma.

A Constituição de 1937, por outro lado, contemplou somente um procedimento para alteração do texto constitucional e o designou de emenda, não obstante se tratava de reforma que se incorporava ao texto constitucional. Frise-se, por oportuno, que utilizava indistintamente os termos emenda, modificação e reforma. *In verbis*:

DAS EMENDAS À CONSTITUIÇÃO

Art. 174 - A Constituição pode ser emendada, modificada ou reformada por iniciativa do Presidente da República ou da Câmara dos Deputados.

§ 1º - O projeto de iniciativa do Presidente da República será votado em bloco por maioria ordinária de votos da Câmara dos Deputados e do Conselho

Federal, sem modificações ou com as propostas pelo Presidente da República, ou que tiverem a sua aquiescência, se sugeridas por qualquer das Câmaras.

§ 2º - O projeto de emenda, modificação ou reforma da Constituição de iniciativa da Câmara dos Deputados, exige para ser aprovado, o voto da maioria dos membros de uma e outra Câmara.

§ 3º - O projeto de emenda, modificação ou reforma da Constituição, quando de iniciativa da Câmara dos Deputados, uma vez aprovado mediante o voto da maioria dos membros de uma e outra Câmara, será enviado ao Presidente da República. Este, dentro do prazo de trinta dias, poderá devolver à Câmara dos Deputados o projeto, pedindo que o mesmo seja submetido a nova tramitação por ambas as Câmaras. A nova tramitação só poderá efetuar-se no curso da legislatura seguinte.

§ 4º - No caso de ser rejeitado o projeto de iniciativa do Presidente da República, ou no caso em que o Parlamento aprove definitivamente, apesar da oposição daquele, o projeto de iniciativa da Câmara dos Deputados, o Presidente da República poderá, dentro em trinta dias, resolver que um ou outro projeto seja submetido ao plebiscito nacional. O plebiscito realizar-se-á noventa dias depois de publicada a resolução presidencial. O projeto só se transformará em lei constitucional se lhe for favorável o plebiscito.

As constituições de 1946 e 1967/1969, outrossim, conheceram somente a emenda constitucional como instrumento de reforma.

Somente com a Constituição da República Federativa do Brasil, de 05 de outubro de 1988, a revisão retornou, ainda que de maneira imprópria, ao rol de procedimentos formais de alteração constitucional, ao lado da emenda.

Contudo, não parece apropriado afirmar que a CRFB/88 contemplou dois modelos distintos de alteração formal do texto constitucional: emenda e revisão. Na verdade, segundo Paulo Braga Galvão, "a diferença fundamental existente entre a emenda e a revisão constitucional repousa em aspectos processuais"[58], tão-somente.

Com efeito, a inusitada revisão constitucional contemplada pelo art. 3º, do ADCT, tinha como definição constitucional a deliberação através de votação única, por maioria absoluta dos membros do Congresso Nacional, em sessão unicameral, depois de decorridos cinco anos da promulgação da Constituição. E o que faltou disciplinar no ato antes referido, abundou no fecundo pensamento doutrinário nacional. No entanto, apesar da vasta disciplina doutrinária acerca da revisão constitucional, o ato de reforma se resumiu na edição de seis **emendas de revisão** que, no ano de 1994, acrescentaram um parágrafo na Constituição e três artigos no

---

[58] GALVÃO, Paulo Braga. *Emenda e Revisão Constitucional na Constituição de 1988*. Revista da Faculdade de Direito da Universidade do Estado do Rio de Janeiro, Rio de Janeiro: CEPUERJ, v. 1, n. 1, p. 252-262, 1993. p. 253.

ADCT, além de alterar dois artigos, três parágrafos, duas alíneas e um inciso da Constituição.

Assim, pode-se dizer que, sem o menor perigo de equívoco, a constituição em vigor contempla uma única maneira de se proceder à alteração formal do texto constitucional, a qual denominou emenda. A rigor, tanto a alteração de um único artigo constitucional quanto da ordem econômica como um todo, deve observar o procedimento previsto no art. 60, da CRFB/88, sendo certo que, ao final, a emenda aprovada é inserida no texto constitucional, reescrevendo-o.

III.4. O EXERCÍCIO DO PODER CONSTITUÍDO REFORMADOR

O exercício do poder de reforma constitucional, em regra, depende do que dispõe a norma constitucional. É a decisão política fundamental que define o órgão ao qual incumbirá a deliberação das reformas do texto constitucional. Assim, segundo Jorge Miranda, a cada constituição corresponde um sistema de revisão[59] (reforma).

---

[59] MIRANDA, Jorge. *Manual de Direito Constitucional*. Tomo II. 4 ed. rev. e atual. Coimbra: Coimbra Editora, 2000. 326p. p. 155-161.
Para exemplificar, o mestre lusitano apresenta dezenas de hipóteses nas quais a norma fundamental elegeu um órgão e um

Usualmente, as constituições empregam como principais órgãos de revisão: a convenção, o legislativo ordinário e o povo[60].

A Constituição da República Federativa do Brasil, de 05 de outubro de 1988, incumbiu ao Congresso Nacional a função reformadora, elevando "ao mais alto grau a adequação do poder constituinte ao sistema representativo", segundo o professor Paulo Bonavides[61]. Com efeito, trata-se do órgão com maior legitimidade democrática a empreender a reforma do texto constitucional.

III.5. O PROCEDIMENTO DE REFORMA NA CRFB/88

A Constituição da República de 1988 disciplinou a reforma constitucional dentro da seção que cuida do processo legislativo, estabelecendo um procedimento particularmente agravado para aprovação de emenda constitucional, pelo Congresso Nacional.

Confira-se:

---

ou mais critérios de agravamento para o procedimento de deliberação de reforma constitucional, dividindo-os em oito sistemas.
[60] Sobre os órgãos usualmente instituídos do poder reformador, cf. BONAVIDES, Paulo. *Curso de Direito Constitucional*. 23 ed. São Paulo: Malheiros Editores, 2008. 827p. p. 205-207.
[61] ibidem. p. 207.

Subseção II
Da Emenda à Constituição

Art. 60. A Constituição poderá ser emendada mediante proposta:
I - de um terço, no mínimo, dos membros da Câmara dos Deputados ou do Senado Federal;
II - do Presidente da República;
III - de mais da metade das Assembleias Legislativas das unidades da Federação, manifestando-se, cada uma delas, pela maioria relativa de seus membros.
(...)
§ 2º - A proposta será discutida e votada em cada Casa do Congresso Nacional, em dois turnos, considerando-se aprovada se obtiver, em ambos, três quintos dos votos dos respectivos membros.
§ 3º - A emenda à Constituição será promulgada pelas Mesas da Câmara dos Deputados e do Senado Federal, com o respectivo número de ordem.
(...).
§ 5º - A matéria constante de proposta de emenda rejeitada ou havida por prejudicada não pode ser objeto de nova proposta na mesma sessão legislativa.

Deste dispositivo constitucional extraem-se os requisitos formais eleitos pelo poder constituinte para a reforma de sua obra[62]. São exigências que abrangem tanto a fase de propositura quando a deliberativa.

---

[62] Para muitos estudiosos, as exigências procedimentais caracterizam limites de ordem formal. Cf. CALCINI, Fábio Pallaretti. *Limites ao Poder de Reforma da Constituição: o embate*

III.5.1. Iniciativa

A fase introdutória à reforma constitucional, no Brasil, é a proposição de emenda constitucional. Conforme lição do professor Paulo Bonavides, "a questão da iniciativa guarda íntimas conexões com o problema da imutabilidade das Constituições". A rigor, quanto mais restrita ou limitada a iniciativa para reforma constitucional, mais inclinada à rigidez é a norma fundamental. Ao contrário, uma iniciativa desembaraçada conduz a uma mutabilidade relativa, conferindo maior flexibilidade constitucional. Além disso, destaca o insigne mestre, as constituições liberais "costumam conceder a iniciativa da revisão exclusivamente ao parlamento", enquanto nas de teor autoritário "a outorga daquela iniciativa só recai de preferência sobre o executivo". E conclui que "o

---

entre gerações. Campinas, SP: Millennium Editora, 2009. 115p. p.66; CANOTILHO, José Joaquim Gomes. *Direito Constitucional e Teoria da Constituição*. 7 ed. 5 reimp. Coimbra: Livraria Almedina, 2009. 1522p. p. 1060.
Por outro turno, e este é o posicionamento aqui adotado, constitucionalistas há que encaram as exigências procedimentais como o próprio processo de reforma constitucional, típico das constituições rígidas, deixando de considerá-los como limites ao poder de reforma. Cf. AGRA, Walber de Moura. *Fraudes à Constituição: um Atentado ao Poder Reformador*. Porto Alegre: Sergio Antônio Fabris Editor, 2000. 237p. p.163-183; BONAVIDES, Paulo. *Curso de Direito Constitucional*. 23 ed. São Paulo: Malheiros Editores, 2008. 827p. p. 204-211; FERREIRA FILHO, Manoel Gonçalves. *O Poder Constituinte*. 5 ed. São Paulo: Editora Saraiva, 2007. 254p. p. 123-134.

compromisso democrático nas Constituições evolve no sentido da adoção de uma iniciativa concorrente, partilhada entre o legislativo e o executivo, ora admitindo, ora excluindo a participação do povo"[63].

Na Constituição da República em vigor, conforme se vê dos incisos I, II e III, do art. 60, a legitimidade para propositura é partilhada entre as Casas do Congresso Nacional, o Presidente da República e as Assembleias Legislativas Estaduais. Legitimidade que, por sua vez, denota um compromisso democrático e federativo, deixando a desejar somente quanto à participação popular direta[64].

III.5.2. Deliberação

Ao eleger o legislativo ordinário como órgão de reforma, "é normal a constituição sujeitar as deliberações deste órgão a maiorias qualificadas, demonstrativas de uma adesão ou consenso mais inequívoco dos representantes quanto às alterações da constituição"[65].

---

[63] BONAVIDES, Paulo. *Curso de Direito Constitucional*. 23 ed. São Paulo: Malheiros Editores, 2008. 827p. p. 204.
[64] Crítica à omissão de iniciativa popular podemos ver em LOPES, Maurício Antônio Ribeiro. *Poder Constituinte Reformador. Limites e Possibilidades da Revisão Constitucional Brasileira*. São Paulo: Editora Revista dos Tribunais, 1993. 287p. p. 201-202.
[65] CANOTILHO, José Joaquim Gomes. *Direito Constitucional e Teoria da Constituição*. 7 ed. 5 reimp. Coimbra: Livraria Almedina, 2009. 1522p. p. 1062.

Nesse sentido, a Constituição em vigor prevê que a proposta de reforma constitucional deve ser discutida e votada no Senado Federal e na Câmara dos Deputados em dois turnos, sendo aprovada somente se obtiver em ambos três quintos dos votos, em cada casa, na forma do § 2º, do art. 60.

III.5.3. Promulgação

A adoção definitiva da reforma depende de ato do órgão designado pela própria Constituição.

No Brasil, a emenda aprovada é promulgada pelas Mesas da Câmara dos Deputados e do Senado Federal, como respectivo número de ordem. Não se submete, pois, à sanção ou veto do Presidente da República.

III.6. LIMITES DO PODER CONSTITUÍDO REFORMADOR

A limitação ao exercício do poder de reforma constitucional pode ser apontada como a principal consequência de sua natureza jurídica. E isto porque o poder constituído reformador, que possui natureza jurídica, não pode suplantar o poder constituinte, de natureza política, e reformular totalmente a constituição, seu fundamento de validade[66]. Com efeito, a norma fundamental constitui o poder de reforma e fixa suas competências, bem assim seus limites.

Merece transcrição a lição de Gustavo Zagrebelsky, citada por J. J. Gomes Canotilho, acerca do poder de revisão constitucional:

> o poder de revisão da constituição baseia-se na própria constituição; se ele a negasse como tal, para substituí-la por outra, transformar-se-ia em inimigo da constituição e não poderia invocá-la como base de validade[67].

Com a mesma precisão, afirma Uadi Lammêgo Bulos:

> É engano acreditar que os depositários do limitado poder de reforma, investidos na laboriosa tarefa de modificar a *Lex Legum*, a fim de adaptá-la a novas realidades fáticas, tudo podem fazer. Se assim fosse, estariam aptos para exercer o poder constituinte originário, o que lhes permitiria elaborar uma nova Constituição e não, simplesmente, alterá-la[68].

---

[66] AGRA, Walber de Moura. *Fraudes à Constituição: um Atentado ao Poder Reformador*. Porto Alegre: Sergio Antônio Fabris Editor, 2000. 237p. p.164.
[67] ZAGREBELSKY, Gustavo. *Il Sistema Constitucionale*. p. 101 apud CANOTILHO, José Joaquim Gomes. *Direito Constitucional e Teoria da Constituição*. 7 ed. 5 reimp. Coimbra: Livraria Almedina, 2009. 1522p. p. 1062-1063.
[68] BULOS, Uadi Lammêgo. *Mutação Constitucional*. São Paulo: Editora Saraiva, 1997. 215p. p. 33.

III.6.1. Limites Temporais.

Constituições há que limitam no tempo o exercício do poder constituído de reforma constitucional. Frequentemente logram estabelecer um período inicial de imodificabilidade e/ou a previsão de reforma a termo certo, uma única vez ou periodicamente.

Argumento favorável à limitação temporal, propala Walber de Moura Agra, é a tentativa de se alcançar a *solidificação da legalidade democrática*, utilizando expressão do professor Canotilho[69]. Tendo em vista que uma constituição estabelece fundamento de validade inteiramente novo ao ordenamento jurídico, um interregno temporal mínimo é reconhecidamente favorável ao seu fortalecimento e concretização.

Na história constitucional brasileira, somente a Constituição do Império de 1824 previa esse tipo de limitação. Com efeito, o art. 174 estabelecia que somente depois de quatro anos de vigência constitucional poderiam ser apresentadas propostas de reforma[70].

---

[69] Cf. AGRA, Walber de Moura. *Fraudes à Constituição: um Atentado ao Poder Reformador*. Porto Alegre: Sergio Antônio Fabris Editor, 2000. 237p. p.166.
[70] "Art. 174. Se passados quatro anos, depois de jurada a Constituição do Brazil, se conhecer, que algum dos seus artigos merece reforma, se fará a proposição por escripto, a qual deve ter

Cumpre salientar, por oportuno, que a Constituição da República de 1988 não estabelece limite temporal ao exercício do poder de reforma constitucional. A rigor, o prazo estabelecido no art. 3º, do ADCT, para a realização da Revisão Constitucional não deve ser entendido como limite temporal ao poder constituído reformador, mas um termo certo para a realização da única revisão admitida[71].

No direito constitucional alienígena, pelo contrário, encontramos limitação de ordem temporal no art. 5º da Constituição Americana de 1787[72]; nas constituições francesas de 1791 e 1848[73]; no art. 284, I, da Constituição Portuguesa de 1976[74]; no art. 232 da Carta Maior do Equador de 1927[75] e, ainda, no art. XI, secção 3, da Constituição da Índia de 1816[76].

---

origem na Camara dos Deputados, e ser apoiada pela terça parte delles".

[71] No mesmo sentido, o da inexistência de limitação temporal na CRFB/88, cf.: SILVA, José Afonso da. *Curso de Direito Constitucional Positivo*. 15 ed. rev. e atual. São Paulo: Malheiros Editores, 1998. 863p.

[72] FERREIRA FILHO, Manoel Gonçalves. *O Poder Constituinte*. 5 ed. São Paulo: Editora Saraiva, 2007. 254p. p. 139.

[73] ibidem. p. 139-140.

[74] ibidem. p. 140.
Tb. CANOTILHO, José Joaquim Gomes. *Direito Constitucional e Teoria da Constituição*. 7 ed. 5 reimp. Coimbra: Livraria Almedina, 2009. 1522p. p. 1062-1063.

[75] BULOS, Uadi Lammêgo. *Mutação Constitucional*. São Paulo: Editora Saraiva, 1997. 215p. p. 34.

[76] ibidem. p. 34.

III.6.2. Limites Circunstanciais.

A história demonstrou que determinadas circunstâncias especiais podem constituir ocasiões favoráveis à imposição de alterações constitucionais. Com efeito, a liberdade de deliberação do órgão representativo responsável pela reforma constitucional comumente resta prejudicada em estado de guerra, em estado de sítio e em estado de emergência.

A modificação da constituição quando o território nacional está no todo ou em parte ocupado por tropas estrangeiras é vedada no direito constitucional francês. Esta limitação circunstancial estava prevista no art. 94, da constituição francesa de 1946 e no art. 89, da Constituição de 1958, em vigor. Esta limitação, no entanto, jamais esteve presente no direito constitucional brasileiro.

O estado de sítio, por seu turno, apareceu como limitação à reforma constitucional na Constituição de 1934 (art. 178,§ 4°), sendo repetida na Constituição de 1946 (art. 217, § 5°), também na Constituição de 1967/69 (art. 47, §2°) e, por último, figura na Constituição em vigor, art. 60, § 1°, que contempla, ainda, as hipóteses de estado de defesa e de intervenção federal.

Manoel Gonçalves Ferreira Filho coloca que tais situações fazem presumir que os membros do poder de revisão estão sob coação ou violenta emoção, o que os impediria de executar as emendas com a tranquilidade com que o fariam em um estado de normalidade[77].

Em suma, pode-se afirmar que "nos momentos de instabilidade institucional o País não se encontra em clima de tranquilidade para realizar reformas em sua Lei Maior"[78].

III.6.3. Limites Materiais.

Tem-se por limites materiais "as vedações expressas que visam impedir reformas constitucionais contrárias à substância da constituição"[79]. Trata-se, na verdade, do núcleo irrenunciável da constituição, o conteúdo que abarca a decisão política fundamental, superável somente através de uma nova expressão do poder constituinte.

Tais limitações quanto ao conteúdo constitucional impedem que determinadas matérias sejam submetidas a reformas supressivas de seu texto, isto é, trata-se de instrumento do sistema de segurança da constituição que visa à manutenção de sua integridade.

---

[77] FERREIRA FILHO, Manoel Gonçalves. *O Poder Constituinte*. 5 ed. São Paulo: Editora Saraiva, 2007. 254p. p. 136.
[78] BULOS, Uadi Lammêgo. *Curso de Direito Constitucional*. 3 ed. rev. e atual. de acordo com a Emenda Constitucional n 56/2007. São Paulo: Editora Saraiva, 2009. 1391p. p.297.
[79] ibidem. p. 301.

Assim, o poder reformador pode e deve modificar o texto constitucional na exata medida de sua necessidade, mantendo, todavia, sua essência, ou seja, observando os princípios básicos da constituição.

III.6.3.1. Limites Materiais Expressos.

Limites expressos, ou textuais, segundo o professor J. J. Gomes Canotilho, "são os limites previstos no próprio texto constitucional", ou seja, "as constituições selecionam um leque de matérias, consideradas como o cerne material da ordem constitucional, e furtam essas matérias à disponibilidade do poder de revisão"[80].

São limites que a doutrina convencionou denominar de *cláusulas pétreas*, termo cuidadosamente investigado pelo professor Uadi Lammêgo Bulos:

> Decerto que as palavras são signos linguísticos e, como tais, constituem verdadeiros pedaços de vida encartados em folhas de papel. Por isso, cumpre-nos investigar o sentido dos vocábulos, porque, se empregados indevidamente, constituem as fontes dos malentendidos.

---

[80] CANOTILHO, José Joaquim Gomes. *Direito Constitucional e Teoria da Constituição*. 7 ed. 5 reimp. Coimbra: Livraria Almedina, 2009. 1522p. p. 1064.

> O adjetivo *pétrea* vem de pedra. Significa 'duro como pedra'.
> Transladando a etimologia da palavra para o campo constitucional, *cláusula pétrea* é aquela insusceptível de mudança formal, porque consigna o *núcleo irreformável* da constituição. Podemos denominá-las – sem exclusão dos demais termos – *cláusulas de inamovibilidade*, porquanto diante delas o legislador não poderá remover elenco específico de matérias, quais sejam, a forma federativa de Estado, o voto direto, secreto, universal e periódico, a separação dos Poderes, os direitos e garantias individuais[81].

Cumpre salientar, por oportuno, que a intangibilidade diz respeito ao bem jurídico constitucionalmente protegido, ou seja, à decisão política expressa na cláusula pétrea, o que não significa tornar impossível qualquer reforma destes dispositivos.

Nesse sentido, instrui o ilustre professor Paulo Gustavo Gonet Branco:

> Por isso também se leciona que a *mera alteração redacional* de uma norma componente do rol das cláusulas pétreas não importa, por isso somente, inconstitucionalidade, desde que não

---

[81] BULOS, Uadi Lammêgo. *Curso de Direito Constitucional*. 3 ed. rev. e atual. de acordo com a Emenda Constitucional n 56/2007. São Paulo: Editora Saraiva, 2009. 1391p. p.303.

afetada a essência do princípio protegido e o sentido da norma.

Há quem aceite que mesmo as cláusulas pétreas não estabelecem a absoluta intangibilidade do bem constitucional por ela alcançado. Diz-se que, conquanto fique preservado o *núcleo essencial* dos bens constitucionais protegidos, isto é, desde que a essência do princípio permaneça intocada, elementos circunstanciais ligados ao bem tornado cláusula pétrea poderiam ser modificados ou suprimidos.

Flávio Novelli, a esse respeito, enfatiza que 'a mais categorizada doutrina rejeita hoje, incisivamente, uma apriorística identificação entre *inviolável* e *inemendável* ou *irrevisível*'. No sentir do autor, a violação existiria apenas quando transgredidos os limites do poder de emenda. Esses limites não seriam transgredidos tão-só por se dar às matérias postas sob a proteção de cláusula pétrea uma nova disciplina, mas o seriam quando uma modificação tocasse – suprimindo ou aniquilando – um princípio estrutural da Constituição. Aí, sim, a obra do poder constituinte originário ficaria desfigurada, por se haver ferido o *conteúdo essencial* dos interesses, valores e princípios que as cláusulas pétreas querem proteger[82].

---

[82] MENDES, Gilmar Ferreira; COELHO, Inocêncio Mártires; BRANCO, Paulo Gustavo Gonet. *Curso de Direito Constitucional*. 3 ed. rev. atual. São Paulo: Editora Saraiva, 2008. 1434p. p.219-220.

Na Constituição vigente, temos por cláusulas pétreas aquelas elencadas no art. 60, § 4º, I, II, III e IV. Assim, é expressamente proibida qualquer proposta de emenda tendente a abolir:

> I - a forma federativa de Estado;
> II - o voto direto, secreto, universal e periódico;
> III - a separação dos Poderes;
> IV - os direitos e garantias individuais.

III.6.3.2. Limites Materiais Implícitos e Tácitos.

Os limites materiais implícitos são aqueles que, embora não previstos literalmente no texto constitucional, são deduzidos da própria constituição, enquanto os limites tácitos são imanentes numa ordem de valores pré-positiva, que vincula a ordem constitucional concreta[83].

O professor Paulo Gustavo Gonet Branco, citando Nelson de Souza Sampaio, enumera como intangíveis à ação reformadora:

---

[83] Cfr. CANOTILHO, José Joaquim Gomes. *Direito Constitucional e Teoria da Constituição*. 7 ed. 5 reimp. Coimbra: Livraria Almedina, 2009. 1522p. p. 1065.

a) as normas concernentes ao titular do poder constituinte, porque este se acha em posição transcendente à Constituição, além de a soberania popular ser inalienável; b) as normas referentes ao titular do poder reformador, porque não pode ele mesmo fazer a delegação dos poderes que recebeu, sem cláusula expressa que o autorize; e c) as normas que disciplinam o próprio procedimento de emenda, já que o poder delegado não pode alterar as condições da delegação que recebeu[84].

Com efeito, reconhecidamente admitidos pela doutrina, os limites implícitos dizem respeito às regras constitucionais referentes ao exercício do poder de reforma. A rigor, estas mesmas regras não podem ser objeto de reforma, porquanto são regras de funcionamento do próprio poder constituído reformador que foram estabelecidas pelo poder constituinte.

Desse modo, tem-se por imutável o dispositivo constitucional que define o titular do exercício do poder reformador e sua competência (diversa do poder constituinte, como é óbvio) assim como o é o rito para a mudança efetiva do texto constitucional descrito no artigo 60. Por motivos inequívocos, a própria regra que institui as cláusulas pétreas também é imutável, uma vez que nenhuma razão haveria para sua existência se ela própria fosse passível de reforma.

---

[84] MENDES, Gilmar Ferreira; COELHO, Inocêncio Mártires; BRANCO, Paulo Gustavo Gonet. *Curso de Direito Constitucional*. 3 ed. rev. atual. São Paulo: Editora Saraiva, 2008. 1434p. p.229.

Enfim, neste ponto, pode-se concluir que mesmo inexistindo expressa previsão no texto constitucional, não se pode modificar a titularidade do poder constituinte ou da competência constitucional reformadora, nem o processo da própria reforma constitucional, por serem garantias de perenidade da constituição.

IV. DA FISCALIZAÇÃO DA CONSTITUCIONALIDADE DAS EMENDAS CONSTITUCIONAIS PELO SUPREMO TRIBUNAL FEDERAL

O poder de reforma é um poder jurídico e o seu exercício é regido e limitado pelo que dispôs o poder constituinte, vale dizer, deve obedecer aos limites formais e substanciais que decorrem da Constituição.

Assim, em virtude do princípio da supremacia das normas constitucionais, é inexorável a observância por todas as espécies normativas, inclusive pelas emendas à Constituição, das regras e princípios constitucionais, sob pena de incorrerem em inconstitucionalidade.

A respeito, merece transcrição a lição do mestre lusitano J. J. Gomes Canotilho:

> A revisão está constitucionalmente sujeita a limites formais, circunstanciais e materiais. A não observância, pela lei de revisão, dos limites estabelecidos na constituição, coloca-nos perante o problema da *desconformidade constitucional das leis de revisão*, problema esse que não é substancialmente diferente do problema da inconstitucionalidade das leis ordinárias,

dado que o poder de revisão é um poder constituído e não uma novação do poder constituinte[85].

E, da Universidade de Tübingen – Alemanha, temos a valiosa obra do professor Otto Bachof que também enriquece o presente estudo. Confira-se:

> Uma lei de alteração da Constituição (isto é, na medida em que se trate da Lei Fundamental, uma lei de alteração do *texto* da Constituição: art. 79, nº. I) pode infringir, formal ou materialmente, disposições da Constituição formal. Dá-se o *primeiro* caso, quando não são observadas as disposições *processuais* prescritas para a alteração da Constituição; ocorre o *último*, quando um lei se propõe alterar disposições da Constituição contrariamente à declaração da *imodificabilidade* destas inserta no documento constitucional: assim, por exemplo, uma lei de alteração da Lei Fundamental que, contra o disposto no art. 79, nº. 3, eliminasse a articulação da Federação em Estados federados ou o princípio da participação destes na legislação, ou lesasse os princípios assentes nos arts. I e 20. Não é necessário mostrar mais pormenorizadamente que a lei de alteração, embora sendo ela própria uma norma constitucional forma, seria, num como no outro caso, <<inconstitucional>>[86].

---

[85] CANOTILHO, José Joaquim Gomes. *Direito Constitucional e Teoria da Constituição.* 7 ed. 5 reimp. Coimbra: Livraria Almedina, 2009. 1522p. p. 1074.

[86] BACHOFF, Otto. *Normas Constitucionais Inconstitucionais?* Tradução e Nota Prévia de José Manuel M. Cardoso da Costa. Coimbra: Edições Almedina, 2008. 92p. p.52.

Assim, não obstante possua natureza jurídica de norma constitucional, a emenda à constituição se submete ao sistema de fiscalização da constitucionalidade, porquanto é obra do poder constituído reformador.

Nesse sentido, pertinente o seguinte trecho da obra de Jorge Miranda:

> Assim, se for caso disso, devem os tribunais, no uso da competência genérica atribuída pelo art. 204.º, apreciar a inconstitucionalidade das leis de revisão e não aplicar as normas dela provenientes que infrinjam princípios materiais garantidos pelo art. 288.º; e cabe ao Tribunal Constitucional declarar a inconstitucionalidade, com força obrigatória geral e com o efeitos previstos no art. 282.º[87].

No Brasil, desde os conturbados anos 20, por ocasião da Reforma Constitucional de 1926, foi admitida a possibilidade de o Supremo Tribunal Federal fiscalizar a constitucionalidade das reformas à Constituição, conforme nos assegura José Adércio Leite Sampaio[88]. À época, o STF conheceu do *habeas corpus* impetrado contra a reforma,

---

[87] MIRANDA, Jorge. *Manual de Direito Constitucional*. Tomo II. 4 ed. rev. e atual. Coimbra: Coimbra Editora, 2000. 326p. p.219.
[88] Cfr. SAMPAIO, José Adércio Leite. *A Constituição Reinventada pela Jurisdição Constitucional*. Belo Horizonte: Editora Del Rey, 2002. 1015p. p.394.

tendo, contudo, sido negada a ordem por não se reconhecer vício na tramitação parlamentar da emenda. Ressalta o autor, além disso, que as impugnações ao poder de reforma foram episódicas, avultando somente depois de promulgada a Constituição da República de 1988.

Com efeito, na vigência da Constituição da República de 1988, o Supremo Tribunal Federal manifestou firme orientação no sentido de que reforma à Constituição pode ser submetida ao controle judicial de constitucionalidade.

Confira-se:

> AÇÃO DIRETA DE INCONSTITUCIONALIDADE. ANTECIPAÇÃO DO PLEBISCITO A QUE ALUDE O ART. 2º DO ADCT DA CONSTITUIÇÃO DE 1988. - <u>NÃO HÁ DÚVIDA DE QUE, EM FACE DO NOVO SISTEMA CONSTITUCIONAL, É O S.T.F. COMPETENTE PARA, EM CONTROLE DIFUSO OU CONCENTRADO, EXAMINAR A CONSTITUCIONALIDADE, OU NÃO, DE EMENDA CONSTITUCIONAL</u> - NO CASO, A Nº 2, DE 25 DE AGOSTO DE 1992 - IMPUGNADA POR VIOLADORA DE CLÁUSULAS PETREAS EXPLÍCITAS OU IMPLÍCITAS. - CONTENDO AS NORMAS CONSTITUCIONAIS TRANSITÓRIAS EXCEÇÕES A PARTE PERMANENTE DA CONSTITUIÇÃO, NÃO TEM SENTIDO PRETENDER-SE QUE O ATO QUE AS CONTÉM SEJA INDEPENDENTE DESTA, ATÉ PORQUE E DA NATUREZA MESMA DAS COISAS QUE, PARA HAVER EXCEÇÃO, É NECESSÁRIO QUE HAJA

REGRA, DE CUJA EXISTÊNCIA AQUELA, COMO EXCEÇÃO, DEPENDE. A ENUMERAÇÃO AUTÔNOMA, OBVIAMENTE, NÃO TEM O CONDÃO DE DAR INDEPENDÊNCIA AQUILO QUE, POR SUA NATUREZA MESMA, É DEPENDENTE. AÇÃO DIRETA DE INCONSTITUCIONALIDADE QUE SE JULGA IMPROCEDENTE[89] (Nosso, o grifo).

E, ainda:

AÇÃO DIRETA DE INCONSTITUCIONALIDADE.
RESOLUÇÃO N. 1 - RCF, DO CONGRESSO NACIONAL, DE 18.11.1993, QUE DISPÕE SOBRE O FUNCIONAMENTO DOS TRABALHOS DE REVISÃO CONSTITUCIONAL E ESTABELECE NORMAS COMPLEMENTARES ESPECIFICAS. AÇÃO DE INCONSTITUCIONALIDADE AJUIZADA PELO GOVERNADOR DO ESTADO DO PARANA. ALEGAÇÕES DE OFENSA AO PARAGRAFO 4. DO ART. 60 DA CONSTITUIÇÃO FEDERAL, EIS QUE O CONGRESSO NACIONAL, PELO ATO IMPUGNADO, "MANIFESTA O SOLENE DESIGNIO DE MODIFICAR O TEXTO CONSTITUCIONAL", MEDIANTE "'QUORUM' DE MERA MAIORIA ABSOLUTA", "EM TURNO ÚNICO" E "VOTAÇÃO UNICAMERAL". SUSTENTA-SE, NA INICIAL, ALÉM DISSO, QUE A

---

[89] STF. ADI nº. 829/DF. Relator Min. Moreira Alves. DJ 19.09.1994. No mesmo sentido, ADI nº. 830/DF e ADI nº. 833/DF. Relator. Min. Moreira Alves.

REVISÃO DO ART. 3. DO ADCT DA CARTA POLITICA DE 1988 NÃO MAIS TEM CABIMENTO, POR QUE ESTARIA INTIMAMENTE VINCULADA AOS RESULTADOS DO PLEBISCITO PREVISTO NO ART. 2. DO MESMO INSTRUMENTO CONSTITUCIONAL TRANSITORIO. "EMENDA" E "REVISÃO", NA HISTÓRIA CONSTITUCIONAL BRASILEIRA. <u>EMENDA OU REVISÃO, COMO PROCESSOS DE MUDANCA NA CONSTITUIÇÃO, SÃO MANIFESTAÇÕES DO PODER CONSTITUINTE INSTITUIDO E, POR SUA NATUREZA, LIMITADO.</u> ESTA A "REVISÃO" PREVISTA NO ART. 3. DO ADCT DE 1988 SUJEITA AOS LIMITES ESTABELECIDOS NO PARAGRAFO 4. E SEUS INCISOS, DO ART. 60, DA CONSTITUIÇÃO. O RESULTADO DO PLEBISCITO DE 21 DE ABRIL DE 1933 NÃO TORNOU SEM OBJETO A REVISÃO A QUE SE REFERE O ART. 3. DO ADCT. APÓS 5 DE OUTUBRO DE 1993, CABIA AO CONGRESSO NACIONAL DELIBERAR NO SENTIDO DA OPORTUNIDADE OU NECESSIDADE DE PROCEDER A ALUDIDA REVISÃO CONSTITUCIONAL, A SER FEITA "UMA SÓ VEZ". <u>AS MUDANCAS NA CONSTITUIÇÃO, DECORRENTES DA "REVISÃO" DO ART. 3. DO ADCT, ESTAO SUJEITAS AO CONTROLE JUDICIAL, DIANTE DAS "CLAUSULAS PETREAS" CONSIGNADAS NO ART. 60, PAR. 4. E SEUS INCISOS, DA LEI MAGNA DE 1988.</u> NÃO SE FAZEM, ASSIM, CONFIGURADOS OS PRESSUPOSTOS PARA A CONCESSÃO DE MEDIDA LIMINAR, SUSPENDENDO A EFICACIA DA RESOLUÇÃO N. 01, DE 1993 - RCF, DO CONGRESSO NACIONAL, ATÉ O

JULGAMENTO FINAL DA AÇÃO. MEDIDA CAUTELAR INDEFERIDA[90](Nossos, os grifos).

Cumpre destacar, por oportuno, que da análise que se faça da jurisprudência do Supremo Tribunal Federal constata-se que as reformas constitucionais estão sob a fiscalização de um controle jurisdicional preventivo (excepcional) e outro sucessivo.

V.1. CONTROLE JURISDICIONAL PREVENTIVO

A redação do art. 60, § 4°, da Constituição da República de 1988[91], autoriza conceber, ao menos dogmaticamente, um controle de constitucionalidade preventivo de proposta de emenda à constituição. Com efeito, a regra ínsita no referido dispositivo constitucional veda a própria **deliberação de proposta** tendente a abolir a forma federativa, o voto direto, secreto, universal e periódico, bem assim a separação dos poderes, além dos direitos e garantias individuais.

---

[90] STF. ADI-MC n°. 981/DF. Relator Min. Néri da Silveira. DJ 05-08-1994.

[91] "Art. 60. § 4° - Não será objeto de deliberação a proposta de emenda tendente a abolir: I - a forma federativa de Estado; II - o voto direto, secreto, universal e periódico; III - a separação dos Poderes; IV - os direitos e garantias individuais".

Aliás, a Constituição de 1967/69 estabelecia semelhante vedação[92], sendo certo que, já em 08/10/1980, o Supremo Tribunal Federal conheceu de *mandamus* impetrado por parlamentares em face da mesa do Congresso Nacional, que admitiu proposta de emenda constitucional que alegavam ser tendente a abolição da República. Confira-se:

> MANDADO DE SEGURANÇA CONTRA ATO DA MESA DO CONGRESSO QUE ADMITIU A DELIBERAÇÃO DE PROPOSTA DE EMENDA CONSTITUCIONAL QUE A IMPETRAÇÃO ALEGA SER TENDENTE A ABOLIÇÃO DA REPUBLICA. CABIMENTO DO MANDADO DE SEGURANÇA EM HIPÓTESES EM QUE A VEDAÇÃO CONSTITUCIONAL SE DIRIGE AO PRÓPRIO PROCESSAMENTO DA LEI OU DA EMENDA, VEDANDO A SUA APRESENTAÇÃO (COMO E O CASO PREVISTO NO PARAGRAFO ÚNICO DO ARTIGO 57) OU A SUA DELIBERAÇÃO (COMO NA ESPÉCIE). NESSES CASOS, A INCONSTITUCIONALIDADE DIZ RESPEITO AO PRÓPRIO ANDAMENTO DO PROCESSO LEGISLATIVO, E ISSO PORQUE A CONSTITUIÇÃO NÃO QUER - EM FACE DA GRAVIDADE DESSAS DELIBERAÇÕES, SE CONSUMADAS - QUE SEQUER SE CHEGUE A DELIBERAÇÃO, PROIBINDO-A TAXATIVAMENTE. A INCONSTITUCIONALIDADE, SE

---

[92] "Constituição da República de 1967/69. Art. 47. § 1º Não será objeto de deliberação a proposta de emenda tendente a abolir a Federação ou a República".

OCORRENTE, JA EXISTE ANTES DE O PROJETO OU DE A PROPOSTA SE TRANSFORMAR EM LEI OU EM EMENDA CONSTITUCIONAL, PORQUE O PRÓPRIO PROCESSAMENTO JA DESRESPEITA, FRONTALMENTE, A CONSTITUIÇÃO. INEXISTÊNCIA, NO CASO, DA PRETENDIDA INCONSTITUCIONALIDADE, UMA VEZ QUE A PRORROGAÇÃO DE MANDATO DE DOIS PARA QUATRO ANOS, TENDO EM VISTA A CONVENIENCIA DA COINCIDENCIA DE MANDATOS NOS VARIOS NIVEIS DA FEDERAÇÃO, NÃO IMPLICA INTRODUÇÃO DO PRINCÍPIO DE QUE OS MANDATOS NÃO MAIS SÃO TEMPORARIOS, NEM ENVOLVE, INDIRETAMENTE, SUA ADOÇÃO DE FATO. MANDADO DE SEGURANÇA INDEFERIDO[93].

E mais:

EMENDA CONSTITUCIONAL. EMENDA 'DANTE DE OLIVEIRA'. 'QUORUM' DE APROVAÇÃO. ART-48 DA CONSTITUIÇÃO FEDERAL, NA REDAÇÃO QUE LHE DEU A EMENDA CONSTITUCIONAL N. 22, DE JUNHO DE 1982. O 'QUORUM' PARA APROVAÇÃO DE EMENDA CONSTITUCIONAL E, SEGUNDO O ART-48 DA CONSTITUIÇÃO FEDERAL, NA REDAÇÃO DA EMENDA CONSTITUCIONAL N. 22/82, O DE DOIS TERCOS DE VOTOS DO TOTAL DE MEMBROS DE CADA UMA DAS CASAS DO CONGRESSO NACIONAL, E NÃO O

---

[93] STF. MS nº. 20.257/DF. Relator para acórdão Min. Moreira Alves. DJ 27-02-1981.

> DE DOIS TERCOS DOS MEMBROS DE CADA UMA DAS CASAS PRESENTES, A SESSAO. ALIAS, E DA TRADIÇÃO DO NOSSO DIREITO CONSTITUCIONAL SER O 'QUORUM' ADOTADO PARA A APROVAÇÃO DE EMENDA CONSTITUCIONAL TOMADO SEMPRE LEVANDO-SE EM CONTA O TOTAL DE DEPUTADOS E SENADORES, EM CONJUNTO OU SEPARADAMENTE, POR MAIORIA OU POR DOIS TERCOS, MAS SEMPRE COM REFERENCIA AO TOTAL EXISTENTE, E NÃO DOS PRESENTES. REJEIÇÃO DA EMENDA POR NÃO TER SIDO ATINGIDO O 'QUORUM' NECESSARIO A SUA APROVAÇÃO. ALTERAÇÕES CONSTITUCIONAIS A RESPEITO E MANIFESTAÇÕES DA DOUTRINA[94].

Estes precedentes, à evidência, demonstraram a possibilidade de se obstar o próprio procedimento de deliberação de proposta de emenda à constituição que desrespeite qualquer das cláusulas pétreas ou o próprio processo legislativo agravado previsto pela Constituição.

Mesma orientação foi recentemente expendida pelo Supremo Tribunal Federal no julgamento do mandado de segurança nº. 24.642/DF, impetrado por deputado federal contra ato da mesa da Câmara dos Deputados, consubstanciado no envio ao Senado Federal de proposta de

---

[94] STF. MS nº. 20.452/DF. Relator Min. Aldir Passarinho. DJ 11-10-1985.

emenda à Constituição que alegava ser violadora do art. 60, § 2º, da CRFB/88. Veja-se:

> CONSTITUCIONAL. PROCESSO LEGISLATIVO: CONTROLE JUDICIAL. MANDADO DE SEGURANÇA. I. - O parlamentar tem legitimidade ativa para impetrar mandado de segurança com a finalidade de coibir atos praticados no processo de aprovação de leis e emendas constitucionais que não se compatibilizam com o processo legislativo constitucional. Legitimidade ativa do parlamentar, apenas. II. - Precedentes do STF: MS 20.257/DF, Ministro Moreira Alves (leading case), RTJ 99/1031; MS 21.642/DF, Ministro Celso de Mello, RDA 191/200; MS 21.303-AgR/DF, Ministro Octavio Gallotti, RTJ 139/783; MS 24.356/DF, Ministro Carlos Velloso, "DJ" de 12.09.2003. III. - Inocorrência, no caso, de ofensa ao processo legislativo, C.F., art. 60, § 2º, por isso que, no texto aprovado em 1º turno, houve, simplesmente, pela Comissão Especial, correção da redação aprovada, com a supressão da expressão "se inferior", expressão dispensável, dada a impossibilidade de a remuneração dos Prefeitos ser superior à dos Ministros do Supremo Tribunal Federal. IV. - Mandado de Segurança indeferido[95].

No entanto, trata-se de situação excepcional de controle preventivo de constitucionalidade. Ademais, o

---

[95] STF. MS nº. 24642/DF. Relator Min. Carlos Velloso. DJ 18-06-2004.

alcance impugnativo do mandado de segurança é extremamente limitado, porquanto o instrumento processual em comento protege, na verdade, o direito de membro do Congresso Nacional participar de processo legislativo em conformidade com a Constituição[96], não havendo precedente no âmbito do Supremo Tribunal Federal em que a fiscalização da constitucionalidade tenha sido exercida de forma abstrata e objetiva antes da promulgação da reforma constitucional.

---

[96] No mesmo sentido, cf.: AgR/MS nº. 21.303/DF; MS nº. 23.565/DF; MS nº. 24.356/DF; MS nº. 24.593/DF e MS nº. 24.645/DF. Por todos, cumpre transcrever a decisão da eminente Min. Ellen Gracie que inadmitiu o MS nº.24.576/DF: "A pretensão posta neste mandado de segurança é excluir do projeto de emenda constitucional da previdência a taxação dos inativos, sob o fundamento de ofensa aos direitos e garantias individuais (CF, art. 60, § 4º, IV). Ocorre que não se adotou, no Brasil, o controle judicial preventivo de constitucionalidade de lei. Não é, assim, em princípio, admissível o exame por esta Corte, de projetos de lei ou mesmo de propostas de emenda constitucional, para pronunciamento prévio sobre sua validade. É certo que o art. 60, § 4º da Constituição Federal obsta logre curso o processo legislativo nas hipóteses nele previstas, mas nesses casos a legitimidade para a impetração é do parlamentar – deputado federal ou senador – para garantir o direito público subjetivo de que titular no sentido de não ver submetida à deliberação proposta de emenda constitucional em confronto com a norma constitucional referida (MS 24.138, Plenário, relator Ministro Gilmar Mendes). Diante da ilegitimidade ativa dos impetrantes, nego seguimento ao presente mandado de segurança, ficando prejudicada a liminar".

V.2. CONTROLE JURISDICIONAL SUCESSIVO

À semelhança do que ocorre com as normas infraconstitucionais, as emendas à Constituição se submetem ao sistema de fiscalização de constitucionalidade, como já se anotou. No entanto, enquanto as demais espécies normativas devem obedecer a todas as regras e princípios constitucionais, as emendas à Constituição se submetem ao disposto no art. 60, da CRFB/88, tão-somente.

A rigor, a fiscalização da constitucionalidade das emendas constitucionais diz respeito apenas à verificação da conformidade do processo legislativo com aquele previsto no art. 60, da CRFB/88, bem assim, à verificação da compatibilidade substancial da reforma com as matérias referidas no § 4º, do mesmo dispositivo.

Assim é que, levando em conta o aspecto formal, encontra-se na jurisprudência do Supremo Tribunal Federal decisão onde dispositivo acrescentado por emenda à Constituição foi declarado inconstitucional, por não observar a exigência de dupla votação em cada casa do Congresso Nacional:

AÇÃO DIRETA DE INCONSTITUCIONALIDADE. CONTRIBUIÇÃO PROVISÓRIA SOBRE MOVIMENTAÇÃO OU TRANSMISSÃO DE VALORES E DE CRÉDITOS E DIREITOS DE NATUREZA FINANCEIRA-CPMF (ART.

75 E PARÁGRAFOS, ACRESCENTADOS AO ADCT PELA EMENDA CONSTITUCIONAL Nº 21, DE 18 DE MARÇO DE 1999). 1 - O início da tramitação da proposta de emenda no Senado Federal está em harmonia com o disposto no art. 60, inciso I da Constituição Federal, que confere poder de iniciativa a ambas as Casas Legislativas. 2 - Proposta de emenda que, votada e aprovada no Senado Federal, sofreu alteração na Câmara dos Deputados, tendo sido promulgada sem que tivesse retornado à Casa iniciadora para nova votação quanto à parte objeto de modificação. Inexistência de ofensa ao art. 60, § 2º da Constituição Federal no tocante à alteração implementada no § 1º do art. 75 do ADCT, que não importou em mudança substancial do sentido daquilo que foi aprovado no Senado Federal. Ofensa existente quanto ao § 3º do novo art. 75 do ADCT, tendo em vista que a expressão suprimida pela Câmara dos Deputados não tinha autonomia em relação à primeira parte do dispositivo, motivo pelo qual a supressão implementada pela Câmara dos Deputados deveria ter dado azo ao retorno da proposta ao Senado Federal, para nova apreciação, visando ao cumprimento do disposto no § 2º do art. 60 da Carta Política. 3 - Repristinação das Leis nºs 9.311/96 e 9.539/97, sendo irrelevante o desajuste gramatical representado pela utilização do vocábulo "prorrogada" no caput do art. 75 do ADCT, a revelar objetivo de repristinação de leis temporárias, não vedada pela Constituição. 4 - Rejeição, também, das alegações de confisco de rendimentos, redução de salários, bitributação e ofensa aos princípios da isonomia e da legalidade.

5 - Ação direta julgada procedente em parte para, confirmando a medida cautelar concedida, declarar a inconstitucionalidade do § 3º do art. 75 do ADCT, incluído pela Emenda Constitucional nº 21, de 18 de março de 1999[97] (Nossos, os grifos).

Sob o ponto de vista substancial, também é possível deparar-se com precedentes em que emendas constitucionais tiveram sua compatibilidade verificada com relação às cláusulas pétreas.

Por exemplo, violação à forma federativa do Estado foi apreciada na ADI nº. 939/DF:

> Direito Constitucional e Tributário. Ação Direta de Inconstitucionalidade de Emenda Constitucional e de Lei Complementar. I.P.M.F. Imposto Provisório sobre a Movimentação ou a Transmissão de Valores e de Créditos e Direitos de Natureza Financeira - I.P.M.F. Artigos 5., par. 2., 60, par. 4., incisos I e IV, 150, incisos III, "b", e VI, "a", "b", "c" e "d", da Constituição Federal. 1. Uma Emenda Constitucional, emanada, portanto, de Constituinte derivada, incidindo em violação a Constituição originaria, pode ser declarada inconstitucional, pelo Supremo Tribunal Federal, cuja função precípua e de guarda da Constituição (art. 102, I, "a", da C.F.). 2. A Emenda Constitucional n. 3, de 17.03.1993, que, no art. 2., autorizou a

---

[97] STF. ADI nº. 2.031/DF. Relatora Min. Ellen Gracie. DJ 17-10-2003.

União a instituir o I.P.M.F., incidiu em vício de inconstitucionalidade, ao dispor, no parágrafo 2. desse dispositivo, que, quanto a tal tributo, não se aplica "o art. 150, III, "b" e VI", da Constituição, porque, desse modo, violou os seguintes princípios e normas imutáveis (somente eles, não outros): 1. - o princípio da anterioridade, que é garantia individual do contribuinte (art. 5., par. 2., art. 60, par. 4., inciso IV e art. 150, III, "b" da Constituição); <u>2. - o princípio da imunidade tributária reciproca (que veda a União, aos Estados, ao Distrito Federal e aos Municípios a instituição de impostos sobre o patrimônio, rendas ou serviços uns dos outros) e que e garantia da Federação (art. 60, par. 4., inciso I,e art. 150, VI, "a", da C.F.)</u>; 3. - a norma que, estabelecendo outras imunidades impede a criação de impostos (art. 150, III) sobre: "b"): templos de qualquer culto; "c"): patrimônio, renda ou serviços dos partidos políticos, inclusive suas fundações, das entidades sindicais dos trabalhadores, das instituições de educação e de assistência social, sem fins lucrativos, atendidos os requisitos da lei; e "d"): livros, jornais, periódicos e o papel destinado a sua impressão; 3. Em consequência, e inconstitucional, também, a Lei Complementar n. 77, de 13.07.1993, sem redução de textos, nos pontos em que determinou a incidência do tributo no mesmo ano (art. 28) e deixou de reconhecer as imunidades previstas no art. 150, VI, "a", "b", "c" e "d" da C.F. (arts. 3., 4. e 8. do mesmo diploma, L.C. n. 77/93). 4. Ação Direta de Inconstitucionalidade julgada procedente, em parte, para tais fins, por maioria, nos termos do voto do Relator, mantida, com relação a todos os contribuintes, em caráter definitivo, a medida cautelar, que suspendera a cobrança do tributo no ano de 1993[98] (Nosso, o grifo).

Violação ao princípio da separação dos poderes foi rejeitada na ADI nº. 3.367/DF:

> 1. AÇÃO. Condição. Interesse processual, ou de agir. Caracterização. Ação direta de inconstitucionalidade. Propositura antes da publicação oficial da Emenda Constitucional nº 45/2004. Publicação superveniente, antes do julgamento da causa. Suficiência. Carência da ação não configurada. Preliminar repelida. Inteligência do art. 267, VI, do CPC. Devendo as condições da ação coexistir à data da sentença, considera-se presente o interesse processual, ou de agir, em ação direta de inconstitucionalidade de Emenda Constitucional que só foi publicada, oficialmente, no curso do processo, mas antes da sentença.
> 2. INCONSTITUCIONALIDADE. Ação direta. Emenda Constitucional nº 45/2004. Poder Judiciário. Conselho Nacional de Justiça. Instituição e disciplina. Natureza meramente administrativa. Órgão interno de controle administrativo, financeiro e disciplinar da magistratura. <u>Constitucionalidade reconhecida. Separação e independência dos Poderes. História, significado e alcance concreto do princípio. Ofensa a cláusula constitucional imutável (cláusula pétrea). Inexistência.</u>

---

[98] STF. ADI nº. 939/DF. Relator Min. Sydney Sanches. DJ 18.03.1994.

Subsistência do núcleo político do princípio, mediante preservação da função jurisdicional, típica do Judiciário, e das condições materiais do seu exercício imparcial e independente. Precedentes e súmula 649. Inaplicabilidade ao caso. Interpretação dos arts. 2º e 60, § 4º, III, da CF. Ação julgada improcedente. Votos vencidos. São constitucionais as normas que, introduzidas pela Emenda Constitucional nº 45, de 8 de dezembro de 2004, instituem e disciplinam o Conselho Nacional de Justiça, como órgão administrativo do Poder Judiciário nacional.

3. PODER JUDICIÁRIO. Caráter nacional. Regime orgânico unitário. Controle administrativo, financeiro e disciplinar. Órgão interno ou externo. Conselho de Justiça. Criação por Estado membro. Inadmissibilidade. Falta de competência constitucional. Os Estados membros carecem de competência constitucional para instituir, como órgão interno ou externo do Judiciário, conselho destinado ao controle da atividade administrativa, financeira ou disciplinar da respectiva Justiça.

4. PODER JUDICIÁRIO. Conselho Nacional de Justiça. Órgão de natureza exclusivamente administrativa. Atribuições de controle da atividade administrativa, financeira e disciplinar da magistratura. Competência relativa apenas aos órgãos e juízes situados, hierarquicamente, abaixo do Supremo Tribunal Federal. Preeminência deste, como órgão máximo do Poder Judiciário, sobre o Conselho, cujos atos e decisões estão sujeitos a seu controle jurisdicional. Inteligência dos art. 102, caput, inc. I, letra "r", e § 4º, da CF. O Conselho Nacional de Justiça não tem

nenhuma competência sobre o Supremo Tribunal Federal e seus ministros, sendo esse o órgão máximo do Poder Judiciário nacional, a que aquele está sujeito.
5. PODER JUDICIÁRIO. Conselho Nacional de Justiça. Competência. Magistratura. Magistrado vitalício. Cargo. Perda mediante decisão administrativa. Previsão em texto aprovado pela Câmara dos Deputados e constante do Projeto que resultou na Emenda Constitucional nº 45/2004. Supressão pelo Senado Federal. Reapreciação pela Câmara. Desnecessidade. Subsistência do sentido normativo do texto residual aprovado e promulgado (art. 103-B, § 4º, III). Expressão que, ademais, ofenderia o disposto no art. 95, I, parte final, da CF. Ofensa ao art. 60, § 2º, da CF. Não ocorrência. Arguição repelida. Precedentes. Não precisa ser reapreciada pela Câmara dos Deputados expressão suprimida pelo Senado Federal em texto de projeto que, na redação remanescente, aprovada de ambas as Casas do Congresso, não perdeu sentido normativo.
6. PODER JUDICIÁRIO. Conselho Nacional de Justiça. Membro. Advogados e cidadãos. Exercício do mandato. Atividades incompatíveis com tal exercício. Proibição não constante das normas da Emenda Constitucional nº 45/2004. Pendência de projeto tendente a torná-la expressa, mediante acréscimo de § 8º ao art. 103-B da CF. Irrelevância. Ofensa ao princípio da isonomia. Não ocorrência. Impedimentos já previstos à conjugação dos arts. 95, § único, e 127, § 5º, II, da CF. Ação direta de inconstitucionalidade. Pedido aditado. Improcedência. Nenhum dos advogados ou cidadãos membros do Conselho Nacional

> de Justiça pode, durante o exercício do mandato, exercer atividades incompatíveis com essa condição, tais como exercer outro cargo ou função, salvo uma de magistério, dedicar-se a atividade político-partidária e exercer a advocacia no território nacional[99] (Nosso, o grifo).

As garantias individuais referidas no art. 60, § 4º, IV, da CRFB/88, formam o rol mais extenso que limita o exercício do poder reformador e, por isso mesmo, servem de fundamento para o maior número de ações de inconstitucionalidade de emendas à Constituição propostas perante o Supremo Tribunal Federal.

A regra da anterioridade tributária foi considerada uma garantia individual na ADI nº. 939/DF, antes referida:

> - Direito Constitucional e Tributário. Ação Direta de Inconstitucionalidade de Emenda Constitucional e de Lei Complementar. I.P.M.F. Imposto Provisório sobre a Movimentação ou a Transmissão de Valores e de Créditos e Direitos de Natureza Financeira - I.P.M.F. Artigos 5., par. 2., 60, par. 4., incisos I e IV, 150, incisos III, "b", e VI, "a", "b", "c" e "d", da Constituição Federal. 1. Uma Emenda Constitucional, emanada, portanto, de Constituinte derivada, incidindo em violação a Constituição originaria, pode ser declarada inconstitucional, pelo Supremo Tribunal Federal, cuja função precípua e de guarda da Constituição (art. 102, I, "a", da C.F.). 2. A Emenda Constitucional n. 3, de 17.03.1993,

---

[99] STF. ADI nº. 3.367/DF. Relator Min. Cesar Peluzo. DJ 17-03-2006.

que, no art. 2., autorizou a União a instituir o I.P.M.F., incidiu em vício de inconstitucionalidade, ao dispor, no parágrafo 2. desse dispositivo, que, quanto a tal tributo, não se aplica "o art. 150, III, "b" e VI", da Constituição, porque, desse modo, violou os seguintes princípios e normas imutáveis (somente eles, não outros): 1. - o princípio da anterioridade, que e garantia individual do contribuinte (art. 5., par. 2., art. 60, par. 4., inciso IV e art. 150, III, "b" da Constituição); 2. - o princípio da imunidade tributária reciproca (que veda a União, aos Estados, ao Distrito Federal e aos Municípios a instituição de impostos sobre o patrimônio, rendas ou serviços uns dos outros) e que e garantia da Federação (art. 60, par. 4., inciso I,e art. 150, VI, "a", da C.F.); 3. - a norma que, estabelecendo outras imunidades impede a criação de impostos (art. 150, III) sobre: "b"): templos de qualquer culto; "c"): patrimônio, renda ou serviços dos partidos políticos, inclusive suas fundações, das entidades sindicais dos trabalhadores, das instituições de educação e de assistência social, sem fins lucrativos, atendidos os requisitos da lei; e "d"): livros, jornais, periódicos e o papel destinado a sua impressão; 3. Em consequência, e inconstitucional, também, a Lei Complementar n. 77, de 13.07.1993, sem redução de textos, nos pontos em que determinou a incidência do tributo no mesmo ano (art. 28) e deixou de reconhecer as imunidades previstas no art. 150, VI, "a", "b", "c" e "d" da C.F. (arts. 3., 4. e 8. do mesmo diploma, L.C. n. 77/93). 4. Ação Direta de Inconstitucionalidade julgada procedente, em parte, para tais fins, por maioria, nos termos do voto do Relator, mantida, com relação a todos os contribuintes, em caráter definitivo, a medida cautelar, que suspendera a cobrança do tributo no ano de 1993[100] (Nosso, o grifo).

---

[100] STF. ADI nº. 939/DF. Relator Min. Sydney Sanches. DJ 18-03-1994.

A garantia individual da segurança jurídica e do devido processo legal, no que diz respeito ao direito do eleitor, constou da ADI nº 3.685/DF:

> AÇÃO DIRETA DE INCONSTITUCIONALIDADE. ART. 2º DA EC 52, DE 08.03.06. APLICAÇÃO IMEDIATA DA NOVA REGRA SOBRE COLIGAÇÕES PARTIDÁRIAS ELEITORAIS, INTRODUZIDA NO TEXTO DO ART. 17, § 1º, DA CF. ALEGAÇÃO DE VIOLAÇÃO AO PRINCÍPIO DA ANTERIORIDADE DA LEI ELEITORAL (CF, ART. 16) E ÀS GARANTIAS INDIVIDUAIS DA SEGURANÇA JURÍDICA E DO DEVIDO PROCESSO LEGAL (CF, ART. 5º, CAPUT, E LIV). LIMITES MATERIAIS À ATIVIDADE DO LEGISLADOR CONSTITUINTE REFORMADOR. ARTS. 60, § 4º, IV, E 5º, § 2º, DA CF. 1. Preliminar quanto à deficiência na fundamentação do pedido formulado afastada, tendo em vista a sucinta porém suficiente demonstração da tese de violação constitucional na inicial deduzida em juízo. 2. A inovação trazida pela EC 52/06 conferiu status constitucional à matéria até então integralmente regulamentada por legislação ordinária federal, provocando, assim, a perda da validade de qualquer restrição à plena autonomia das coligações partidárias no plano federal, estadual, distrital e municipal. 3. Todavia, <u>a utilização da nova regra às eleições gerais que se realizarão a menos de sete meses colide com o princípio da anterioridade eleitoral, disposto no art. 16 da CF</u>, que busca evitar a utilização abusiva

ou casuística do processo legislativo como instrumento de manipulação e de deformação do processo eleitoral (ADI 354, rel. Min. Octavio Gallotti, DJ 12.02.93). 4. Enquanto o art. 150, III, b, da CF encerra garantia individual do contribuinte (ADI 939, rel. Min. Sydney Sanches, DJ 18.03.94), o art. 16 representa garantia individual do cidadão-eleitor, detentor originário do poder exercido pelos representantes eleitos e "a quem assiste o direito de receber, do Estado, o necessário grau de segurança e de certeza jurídicas contra alterações abruptas das regras inerentes à disputa eleitoral" (ADI 3.345, rel. Min. Celso de Mello). 5. Além de o referido princípio conter, em si mesmo, elementos que o caracterizam como uma <u>garantia fundamental oponível até mesmo à atividade do legislador constituinte derivado, nos termos dos arts. 5º, § 2º, e 60, § 4º, IV, a burla ao que contido no art. 16 ainda afronta os direitos individuais da segurança jurídica (CF, art. 5º, caput) e do devido processo legal (CF, art. 5º, LIV)</u>. 6. A modificação no texto do art. 16 pela EC 4/93 em nada alterou seu conteúdo principiológico fundamental. Tratou-se de mero aperfeiçoamento técnico levado a efeito para facilitar a regulamentação do processo eleitoral. 7. <u>Pedido que se julga procedente para dar interpretação conforme no sentido de que a inovação trazida no art. 1º da EC 52/06 somente seja aplicada após decorrido um ano da data de sua vigência</u>[101] (Nossos, os grifos).

---

[101] STF. ADI nº. 3.685/DF. Relatora Min. Ellen Gracie. DJ 10-08-2006.

A igualdade ínsita no art. 5º, da CRFB/88, inspirou a decisão proferida na ADI nº.1.946/DF:

> DIREITO CONSTITUCIONAL, PREVIDENCIÁRIO E PROCESSUAL CIVIL. LICENÇA-GESTANTE. SALÁRIO. LIMITAÇÃO. AÇÃO DIRETA DE INCONSTITUCIONALIDADE DO ART. 14 DA EMENDA CONSTITUCIONAL Nº 20, DE 15.12.1998. ALEGAÇÃO DE VIOLAÇÃO AO DISPOSTO NOS ARTIGOS 3º, IV, 5º, I, 7º, XVIII, E 60, § 4º, IV, DA CONSTITUIÇÃO FEDERAL. 1. O legislador brasileiro, a partir de 1932 e mais claramente desde 1974, vem tratando o problema da proteção à gestante, cada vez menos como um encargo trabalhista (do empregador) e cada vez mais como de natureza previdenciária. Essa orientação foi mantida mesmo após a Constituição de 05/10/1988, cujo art. 6° determina: a proteção à maternidade deve ser realizada "na forma desta Constituição", ou seja, nos termos previstos em seu art. 7°, XVIII: "licença à gestante, sem prejuízo do empregado e do salário, com a duração de cento e vinte dias". 2. Diante desse quadro histórico, não é de se presumir que o legislador constituinte derivado, na Emenda 20/98, mais precisamente em seu art. 14, haja pretendido a revogação, ainda que implícita, do art. 7°, XVIII, da Constituição Federal originária. Se esse tivesse sido o objetivo da norma constitucional derivada, por certo a E.C. nº 20/98 conteria referência expressa a respeito. E, à falta de norma constitucional derivada, revogadora do art. 7°, XVIII, a pura e simples aplicação do art. 14 da E.C. 20/98, de modo a torná-la

insubsistente, implicará um retrocesso histórico, em matéria social-previdenciária, que não se pode presumir desejado. 3. Na verdade, se se entender que a Previdência Social, doravante, responderá apenas por R$1.200,00 (hum mil e duzentos reais) por mês, durante a licença da gestante, e que o empregador responderá, sozinho, pelo restante, ficará sobremaneira, facilitada e estimulada a opção deste pelo trabalhador masculino, ao invés da mulher trabalhadora. Estará, então, propiciada a discriminação que a Constituição buscou combater, quando proibiu diferença de salários, de exercício de funções e de critérios de admissão, por motivo de sexo (art. 7º, inc. XXX, da C.F./88), proibição, que, em substância, é um desdobramento do princípio da igualdade de direitos, entre homens e mulheres, previsto no inciso I do art. 5º da Constituição Federal. Estará, ainda, conclamado o empregador a oferecer à mulher trabalhadora, quaisquer que sejam suas aptidões, salário nunca superior a R$1.200,00, para não ter de responder pela diferença. Não é crível que o constituinte derivado, de 1998, tenha chegado a esse ponto, na chamada Reforma da Previdência Social, desatento a tais consequências. Ao menos não é de se presumir que o tenha feito, sem o dizer expressamente, assumindo a grave responsabilidade. 4. A convicção firmada, por ocasião do deferimento da Medida Cautelar, com adesão de todos os demais Ministros, ficou agora, ao ensejo deste julgamento de mérito, reforçada substancialmente no parecer da Procuradoria Geral da República. 5. Reiteradas as considerações feitas nos votos, então proferidos, e nessa manifestação do Ministério Público federal, a Ação Direta de Inconstitucionalidade é julgada procedente, em parte, para se dar, ao art. 14 da Emenda Constitucional nº 20, de 15.12.1998, interpretação conforme à Constituição, excluindo-se sua aplicação ao salário da licença gestante, a que se refere o art. 7º, inciso XVIII, da Constituição Federal[102] (Nosso, o grifo).

Por fim, destaca-se a decisão proferida na ADI nº. 3.105/DF, onde se declarou constitucional a incidência de contribuição previdenciária sobre proventos de aposentadoria e pensão, autorizada pela Emenda Constitucional nº. 41/2003, declarando-se inconstitucional, contudo, a discriminação entre os servidores e pensionistas da União com os servidores e pensionistas dos estados e municípios. Confira-se:

> 1. Inconstitucionalidade. Seguridade social. Servidor público. Vencimentos. Proventos de aposentadoria e pensões. Sujeição à incidência de contribuição previdenciária. Ofensa a direito adquirido no ato de aposentadoria. Não ocorrência. Contribuição social. Exigência patrimonial de natureza tributária. Inexistência de norma de imunidade tributária absoluta. Emenda Constitucional nº 41/2003 (art. 4º, caput). Regra não retroativa. Incidência sobre fatos geradores ocorridos depois do início de sua vigência. Precedentes da

---

[102] STF. ADI nº. 1.946/DF. Relator Min. Sydney Sanches. DJ 16-05-2003.

Corte. Inteligência dos arts. 5°, XXXVI, 146, III, 149, 150, I e III, 194, 195, caput, II e § 6°, da CF, e art. 4°, caput, da EC n° 41/2003. No ordenamento jurídico vigente, não há norma, expressa nem sistemática, que atribua à condição jurídico-subjetiva da aposentadoria de servidor público o efeito de lhe gerar direito subjetivo como poder de subtrair ad aeternum a percepção dos respectivos proventos e pensões à incidência de lei tributária que, anterior ou ulterior, os submeta à incidência de contribuição previdencial. Noutras palavras, não há, em nosso ordenamento, nenhuma norma jurídica válida que, como efeito específico do fato jurídico da aposentadoria, lhe imunize os proventos e as pensões, de modo absoluto, à tributação de ordem constitucional, qualquer que seja a modalidade do tributo eleito, donde não haver, a respeito, direito adquirido com o aposentamento.

2. Inconstitucionalidade. Ação direta. Seguridade social. Servidor público. Vencimentos. Proventos de aposentadoria e pensões. Sujeição à incidência de contribuição previdenciária, por força de Emenda Constitucional. Ofensa a outros direitos e garantias individuais. Não ocorrência. Contribuição social. Exigência patrimonial de natureza tributária. Inexistência de norma de imunidade tributária absoluta. Regra não retroativa. Instrumento de atuação do Estado na área da previdência social. Obediência aos princípios da solidariedade e do equilíbrio financeiro e atuarial, bem como aos objetivos constitucionais de universalidade, equidade na forma de participação no custeio e diversidade da base de financiamento. Ação julgada improcedente

em relação ao art. 4°, caput, da EC n° 41/2003. Votos vencidos. Aplicação dos arts. 149, caput, 150, I e III, 194, 195, caput, II e § 6°, e 201, caput, da CF. Não é inconstitucional o art. 4°, caput, da Emenda Constitucional n° 41, de 19 de dezembro de 2003, que instituiu contribuição previdenciária sobre os proventos de aposentadoria e as pensões dos servidores públicos da União, dos Estados, do Distrito Federal e dos Municípios, incluídas suas autarquias e fundações.

3. Inconstitucionalidade. Ação direta. Emenda Constitucional (EC n° 41/2003, art. 4°, § únic, I e II). Servidor público. Vencimentos. Proventos de aposentadoria e pensões. Sujeição à incidência de contribuição previdenciária. Bases de cálculo diferenciadas. Arbitrariedade. <u>Tratamento discriminatório entre servidores e pensionistas da União, de um lado, e servidores e pensionistas dos Estados, do Distrito Federal e dos Municípios, de outro. Ofensa ao princípio constitucional da isonomia tributária, que é particularização do princípio fundamental da igualdade.</u> Ação julgada procedente para declarar inconstitucionais as expressões "cinquenta por cento do" e "sessenta por cento do", constante do art. 4°, § único, I e II, da EC n° 41/2003. Aplicação dos arts. 145, § 1°, e 150, II, cc. art. 5°, caput e § 1°, e 60, § 4°, IV, da CF, com restabelecimento do caráter geral da regra do art. 40, § 18. São inconstitucionais as expressões "cinquenta por cento do" e "sessenta por cento do", constantes do § único, incisos I e II, do art. 4° da Emenda Constitucional n° 41, de 19 de dezembro de 2003, e tal pronúncia restabelece o caráter geral da regra do art. 40, § 18, da Constituição da República, com

a redação dada por essa mesma Emenda[103] (Nossos, os grifos).

Enfim, constata-se que a reforma constitucional deve observar todas as exigências formais previstas no art. 60, I, II, III, IV, e §§ 1º, 2º e 3º, da CRFB/88, além das cláusulas pétreas referidas pelo § 4º, do mesmo artigo.

---

[103] STF. ADI nº. 3.105/DF. Relatora Min. Ellen Gracie. DJ 18-02-2005.

V. CONCLUSÃO

O estudo do Poder Constituinte é, a um só tempo, absolutamente necessário e inegavelmente complexo. Em razão disto, não foi nem poderia ser a intenção deste trabalho, modesto e incompleto por natureza, esgotar o assunto. Pretendeu-se aqui, tão-somente, revisitar a teoria clássica do poder constituinte formulada pelo abade Emmanuel Joseph Sieyès (1748-1836) e fazer um contraponto com a doutrina constitucional moderna.

Verificou-se que o poder constituinte, cujo titular é o povo, possui natureza metajurídica e não conhece vedações jurídicas ao seu exercício. Ou seja, trata-se de um poder revolucionário que é capaz de romper com a ordem jurídica em vigor numa determinada sociedade e estabelecer uma nova ordenação jurídica sistemática e racional da comunidade política, plasmada em documento escrito, depósito de um conjunto de direitos fundamentais e de limites ao poder político.

Constando-se que a imutabilidade constitucional colide com a realidade, verificou ser imprescindível a reforma da constituição para adaptá-la às inexoráveis alterações por que passa a sociedade no decorrer do tempo. Reforma que, por sua vez, é exercida por um poder instituído pela própria constituição: o poder reformador. Cogitou-se de sua natureza eminentemente jurídica do poder reformador e, como consectário lógico, os limites de ordem temporal, circunstancial e material a que está submetido seu exercício. Com efeito, em decorrência da rigidez e da supremacia das normas constitucionais, a atividade reformadora deve obedecer ao procedimento ínsito na própria constituição e não pode contrariar, sob o ponto de vista substancial, o que dispõem os princípios e regras tidos como irrenunciáveis – as cláusulas pétreas.

E, para assegurar sua supremacia, a norma fundamental estabelece mecanismos de garantia contra os atos públicos. Cuida-se de instrumentos que foram emergindo historicamente em resposta aos ataques à Constituição.

O Brasil adotou um sistema híbrido de fiscalização da constitucionalidade que comporta participação do Poder Executivo, do Poder Legislativo e, principalmente, atuação do Poder Judiciário.

Por fim, vislumbrou-se a possibilidade de fiscalização da constitucionalidade das emendas constitucionais, sem embargo da natureza jurídica de norma constitucional, pelo Supremo Tribunal Federal.

Dessa forma, pode-se afirmar que o controle de constitucionalidade das manifestações de reforma constitucional exercido pelo Supremo Tribunal Federal, à toda evidência, constitui atividade legítima que decorre da decisão política fundamental encartada na Constituição da República de 05 de outubro de 1988.

E isto porque, o Congresso Nacional, uma vez proclamada a Constituição da República de 1988, despiu-se da condição de assembleia constituinte que lhe fora atribuída pela Emenda nº. 26/85, à Constituição de 1967, encerrando, por conseguinte, o exercício do poder constituinte emanado do povo.

A par de sua atribuição ordinária de elaborar leis no âmbito federal e fiscalizar a atividade do poder executivo, o Congresso Nacional recebeu da norma fundamental o poder de regenerá-la. Para a realização deste encargo, a Constituição mesma estabeleceu restrições de ordem material, procedimental e circunstancial, de molde a "evitar uma rigidez tão acentuada que seja um convite às revoluções, ou uma elasticidade tão exagerada que desvaneça a ideia de segurança do regime sob que se vive"[104].

---

[104] SAMPAIO, Nélson. O Poder de Reforma Constitucional. Bahia: Livraria Progresso, 1954. P.66. apud MENDES, Gilmar Ferreira; COELHO, Inocêncio Mártires; BRANCO, Paulo Gustavo Gonet. Curso de Direito Constitucional. 3 ed. ver. atual. São Paulo: Editora Saraiva, 2008. 1434p. p. 216.

Além disso, no Brasil, com exceção da Constituição de 1824 – que festejava a supremacia do parlamento e vislumbrava a coordenação dos poderes pelo Poder Moderador –, desde a Constituição da República de 1891 consagrou-se a técnica do controle jurisdicional de constitucionalidade de lei ou ato com indiscutível caráter normativo, tarefa que foi atribuída a qualquer juiz ou tribunal, verdadeiro transplante do sistema norte-americano do *judicial review*.

Uma inovação do controle jurisdicional de constitucionalidade, ademais, foi instaurada a partir da Emenda Constitucional n°. 16, de 26/11/1965, à Constituição de 1946, que instituiu a fiscalização abstrata da constitucionalidade de atos normativos federais e estaduais, atribuindo ao Supremo Tribunal Federal competência originária de tal ofício.

A Constituição da República de 1988 abarcou os modelos difuso-incidental e concentrado-principal, aperfeiçoando o sistema de fiscalização da constitucionalidade pelo Poder Judiciário. Trouxe, ainda, quatro principais novidades para o sistema de controle jurisdicional da constitucionalidade: a) ampliou a legitimação para a propositura da representação de inconstitucionalidade; b) estabeleceu a possibilidade de controle de constitucionalidade das omissões legislativas; c) autorizou a instituição, pelos Estados, da representação de inconstitucionalidade de leis ou atos normativos estaduais ou municipais em face da Constituição Estadual e, por fim, d) possibilitou a criação da arguição de descumprimento de preceito fundamental (ADPF).

Como se vê, as modificações instauradas pela nova ordem constitucional elevaram o papel do controle abstrato da constitucionalidade no direito brasileiro e alargou o papel do STF na fiscalização jurisdicional da constitucionalidade.

À evidência, não obstante mantido o sistema difuso-incidental, o modelo concentrado-principal alcançou verdadeiro destaque, conferindo ao Supremo Tribunal Federal peculiar posição: Órgão de Revisão de última instância para o controle das questões constitucionais discutidas em processos judiciais e Tribunal Constitucional com competência para aferir a constitucionalidade *in abstrato* das leis e atos normativos estaduais e federais[105].

Enfim, a respeito de tudo quanto já se disse, pode-se concluir que a guarda da Constituição da República de 1988

---

[105] Diversamente do professor Pedro Lenza, para quem o STF não pode ser considerado Corte Constitucional, o eminente Ministro Gilmar Ferreira Mendes atribui caráter dúplice ao STF.
Cf.: LENZA, Pedro. Direito Constitucional Esquematizado. 12 ed. rev. atual. ampl. São Paulo: Editora Saraiva, 2008. 811p. p. 127/128; MENDES, Gilmar Ferreira. Jurisdição Constitucional. 5 ed. São Paulo: Editora Saraiva, 2007. 446p. p.20/21.

incumbe tanto ao Legislativo – Congresso Nacional, quanto ao Judiciário – em especial ao Supremo Tribunal Federal.

    O primeiro realiza as alterações necessárias das normas constitucionais, enquanto o segundo fiscaliza a parametricidade das expressões normativas em face da Constituição, ou seja, um atuando na modificação e outro na manutenção da ordem constitucional em vigor, respectivamente.

VI. REFERÊNCIAS BIBLIOGRÁFICAS

AGRA, Walber de Moura. *Fraudes à Constituição: um Atentado ao Poder Reformador*. Porto Alegre: Sergio Antônio Fabris Editor, 2000. 237p.

BACHOFF, Otto. *Normas Constitucionais Inconstitucionais?* Tradução e Nota Prévia de José Manuel M. Cardoso da Costa. Coimbra: Edições Almedina, 2008. 92p.

BARROSO, Luis Roberto. *O Controle de Constitucionalidade no Direito Brasileiro. Exposição Sistemática da Doutrina e Análise Crítica da Jurisprudência*. 3 ed. 2 tir. São Paulo: Editora Saraiva, 2009. 359p.

BONAVIDES, Paulo. *Curso de Direito Constitucional*. 23 ed. São Paulo: Malheiros Editores, 2008. 827p.

BULOS, Uadi Lammêgo. *Curso de Direito Constitucional*. 3 ed. rev. e atual. de acordo com a Emenda Constitucional n 56/2007. São Paulo: Editora Saraiva, 2009. 1391p.

_____.*Mutação Constitucional*. São Paulo: Editora Saraiva, 1997. 215p.

CALCINI, Fábio Pallaretti. *Limites ao Poder de Reforma da Constituição: o embate entre gerações*. Campinas, SP: Millennium Editora, 2009. 115p.

CANOTILHO, José Joaquim Gomes. *Direito Constitucional e Teoria da Constituição*. 7 ed. 5 reimp. Coimbra: Livraria Almedina, 200_. 1522p.

CLÈVE, Clèmerson Merlin. *A Fiscalização Abstrata da Constitucionalidade no Direito Brasileiro*. 2 ed. rev. atual. ampl. São Paulo: Editora Revista dos Tribunais, 2000. 484p.

CUNHA JÚNIOR, Dirley da. *Curso de Direito Constitucional*. 2 ed. rev. ampl. e atual. até a EC n°. 56/2007. Salvador: Editora Jus Podivm, 2008. 1131p.

FERREIRA FILHO, Manoel Gonçalves. *Curso de Direito Constitucional*. 34 ed. rev. atual. São Paulo: Editora Saraiva, 2008. 398p.

_____. *O Poder Constituinte*. 5 ed. São Paulo: Editora Saraiva, 2007. 254p.

FERREIRA, Pinto. *Princípios Gerais do Direito Constitucional Moderno*. 4 ed. São Paulo: Editora Saraiva, 1962, t. I.

GALVÃO, Paulo Braga. Emenda e Revisão Constitucional na Constituição de 1988. *Revista da Faculdade de Direito da Universidade do Estado do Rio de Janeiro*, Rio de Janeiro: CEPUERJ, v. 1, n. 1, p. 252-262, 1993.

GAMA, Guilherme Calmon Nogueira da. *Alterações Constitucionais e Limites do Poder de Reforma*. São Paulo: Editora Juarez de Oliveira, 2001. 92 p.

LENZA, Pedro. *Direito Constitucional Esquematizado*. 12 ed. rev. atual. ampl. São Paulo: Editora Saraiva, 2008. 811p.

LOPES, Maurício Antônio Ribeiro. *Poder Constituinte Reformador. Limites e Possibilidades da Revisão Constitucional Brasileira*. São Paulo: Editora Revista dos Tribunais, 1993. 287p.

MARTINS, Ives Gandra da Silva; MENDES, Gilmar Ferreira. *Controle Concentrado de Constitucionalidade. Comentários à Lei nº. 9.868, de 10-11-1999*. 3 ed. São Paulo: Editora Saraiva, 2009. 637p.

MENDES, Gilmar Ferreira. *Jurisdição Constitucional*. 5 ed. São Paulo: Editora Saraiva, 2007. 446p.

MENDES, Gilmar Ferreira; COELHO, Inocêncio Mártires; BRANCO, Paulo Gustavo Gonet. *Curso de Direito Constitucional*. 3 ed. rev. atual. São Paulo: Editora Saraiva, 2008. 1434p.

MIRANDA, Jorge. *Manual de Direito Constitucional*. Tomo II. 4 ed. rev. e atual. Coimbra: Coimbra Editora, 2000. 326p.

SAMPAIO, José Adércio Leite. *A Constituição Reinventada pela Jurisdição Constitucional*. Belo Horizonte: Editora Del Rey, 2002. 1015p.

_____. *Poder Constituinte e Poder Popular*. 1 ed. 3 tir. São Paulo: Malheiros Editores, 2007. 308p.

SILVA, José Afonso da. *Curso de Direito Constitucional Positivo*. 15 ed. rev. e atual. São Paulo: Malheiros Editores, 1998. 863p.

TEMER, Michel. *Elementos de Direito Constitucional*. 18 ed. São Paulo: Malheiros Editores, 2002. 224p.

www.ingramcontent.com/pod-product-compliance
Lightning Source LLC
Chambersburg PA
CBHW051319220526
45468CB00004B/1411